Bodenschutzkonzeption der Bundesregierung

Bundestags-Drucksache 10/2977 vom 7. März 1985

Herausgeber:
Der Bundesminister des Innern

Verlag W. Kohlhammer
Stuttgart · Berlin · Köln · Mainz

© 1985 Bundesministerium des Innern
Verlag W. Kohlhammer GmbH
Stuttgart Berlin Köln Mainz

Druck: Bonner Universitäts-Buchdruckerei

ISBN 3-17-009063-1

VORWORT

Das Bundeskabinett hat die von mir vorgelegte Bodenschutzkonzeption der Bundesregierung am 6. Februar 1985 verabschiedet und mich beauftragt, gemeinsam mit den beteiligten Bundesressorts in Abstimmung mit den Ländern die notwendigen, auch gesetzgeberischen Maßnahmen zum Schutz des Bodens im einzelnen festzulegen.

Erstmalig wurden alle bedeutenden Einwirkungen auf den Boden zusammengefaßt und bewertet. Daraus folgt, daß der Schutz des Bodens als zentrale Lebensgrundlage in der Vergangenheit nicht energisch genug betrieben wurde. Deshalb hat die Bundesregierung für alle Bereiche des Bodenschutzes neue, grundlegende politische Zielsetzungen und eine Vielzahl von gesetzlichen, planerischen, administrativen und wissenschaftlichen Handlungsansätzen beschlossen.

Die Bodenschutzkonzeption der Bundesregierung bildet den Handlungsrahmen für den Ausgleich der vielfältigen Nutzungsansprüche an den Boden, zur Abwehr von Schäden und zur Vorsorge auch gegen langfristige Gefahren und Risiken. Darüber hinaus wird klargestellt, daß die Naturgüter — losgelöst von menschlichen Nutzungsinteressen — auch um ihrer selbst willen zu bewahren sind.

Bei den jetzt anstehenden Beratungen mit den Ländern über neue oder ergänzende bundesrechtliche Regelungen wird zunächst zu ermitteln sein, inwieweit die vorhandenen rechtlichen Instrumente zum Schutz des Bodens ausreichen oder nicht. Die Schutzmaßnahmen werden sich im einzelnen an der absehbaren Gefährdung auszurichten haben. Der Bodenschutz hat dabei dann Vorrang, wenn die Gesundheit der Bevölkerung oder die Sicherung der natürlichen Lebensgrundlagen gefährdet ist.

Die Bundesregierung wird die notwendigen Maßnahmen mit Umsicht, aber auch mit Entschlossenheit vorantreiben.

Dr. Friedrich Zimmermann
Bundesminister des Innern

Inhalt

Seite

A. Einleitung 9

I. Ausgangslage 9

II. Bodenschutz als Querschnittsaufgabe des Umweltschutzes 12

III. Arbeitsauftrag 17

    1. Gemeinsame Erklärung zum Bodenschutz ... 17

    2. Interministerielle Arbeitsgruppe Bodenschutz 18

    3. Bund/Länder-Arbeitsgruppe „Bodenschutzprogramm" 19

IV. Weiteres Vorgehen der Bundesregierung 19

B. Allgemeiner Teil 21

I. Leitlinien des Bodenschutzes 21

II. Programmatische Grundlagen der Bodenschutzpolitik 23

    1. Vorsorgeprinzip 24

    2. Verursacherprinzip 27

    3. Kooperationsprinzip 27

    4. Haushälterischer Umgang mit dem Boden ... 29

    5. Schutz des Bodens als Regelungsmaßstab ... 29

    6. Sozialpflichtigkeit des Bodens 30

	7.	Internationale und zwischenstaatliche Zusammenarbeit 30
III.	Informationsgrundlagen des Bodenschutzes	31
	1. Bisheriger Informationsstand	31
	2. Informationsdefizite	32
	3. Zukünftige Forschungs- und Entwicklungsaufgaben	33
	3.1 Forschungsschwerpunkte	33
	3.2 Bodenbeobachtung und -dokumentation	34
	3.3 Methoden- und Modellentwicklung	36
IV.	Bodenschutzaspekte im geltenden Recht	39
	1. Überblick	39
	2. Bewertung	40
	3. Handlungsansätze	41
C.	**Besonderer Teil**	43
I.	Stoffliche Einwirkungen auf den Boden	43
	1. Stoffeinträge	43
	1.1 Persistente Schadstoffe	47
	a) Sachstand	47
	b) Ziele	50
	c) Lösungsansätze	51
	1.2 Saure Niederschläge	56
	a) Sachstand	56
	b) Ziele	59
	c) Lösungsansätze	60
	1.3 Radioaktive Stoffe	61
	a) Sachstand	61
	b) Handlungsbedarf	63

	2.	Dünge- und Pflanzenschutzmittel	63
	2.1	Handels- und Wirtschaftsdünger	64
		a) Sachstand	64
		b) Ziele	70
		c) Lösungsansätze	70
	2.2	Pflanzenschutzmittel	72
		a) Sachstand	72
		b) Ziele	74
		c) Lösungsansätze	75
	3.	Sonstige stoffliche Einwirkungen	76
	3.1	Altlasten	76
		a) Sachstand	76
		b) Ziele	78
		c) Lösungsansätze	79
	3.2	Wasser- und bodengefährdende Stoffe — Lagerung und Transport	81
		a) Sachstand	81
		b) Ziele	83
		c) Lösungsansätze	83
	3.3	Auftaumittel	84
		a) Sachstand	84
		b) Ziele	85
		c) Lösungsansätze	85
II.	Veränderungen der Bodenstruktur und räumliche Einwirkungen auf den Boden		86
	1.	Flächeninanspruchnahme	86
		a) Sachstand	86
		b) Ziele	93
		c) Lösungsansätze	94
	2.	Einwirkungen auf die Bodenstruktur	99
		a) Sachstand	100

		b) Ziele	102
		c) Lösungsansätze	102
	3.	Beeinflussung des Landschaftscharakters	105
		a) Sachstand	106
		b) Ziele	107
		c) Lösungsansätze	107
	4.	Rohstofflagerstätten	109
		a) Sachstand	109
		b) Ziele	112
		c) Lösungsansätze	113

D. Zusammenfassung
Schwerpunkte des Bodenschutzes und Lösungsansätze 115

I. Schwerpunkte des Bodenschutzes 115

II. Übersicht der Lösungsansätze 118

Materialien

    1. Vorschriften mit unmittelbar bodenschützendem Inhalt 138

    2. Rechtsnormen mit mittelbar bodenschützendem Inhalt 145

    3. Planungsnormen 150

III. Tabellarische Übersicht ausgewählter stofflicher Einwirkungen auf den Boden 155

    1. Vorbemerkung 156

    2. Stofftabellen 159

A. Einleitung

I. Ausgangslage

Unter den Industriestaaten der Erde ist die Bundesrepublik Deutschland durch Bevölkerungsdichte und intensive wirtschaftliche Tätigkeit heute eines der Länder mit der weitaus höchsten Umwelt- und Ressourcenbeanspruchung.

Die Bevölkerungsdichte im Bundesgebiet ist mit 247 Einwohnern je Quadratkilometer außerordentlich hoch. Die Umweltbeanspruchung erstreckt sich auf das gesamte Bundesgebiet. Auf nur 27,2 v. H. der Fläche leben 56 v. H. der Bevölkerung in 32 Regionen mit großen Verdichtungsräumen. Aufgrund des weiträumigen Transports von Schadstoffen über Luft und Gewässer sowie der intensiven Bodennutzung sind Ausgleichsräume im Bundesgebiet kaum vorhanden. Die Gesamtfläche der Bundesrepublik Deutschland von knapp 25 Mio. ha gliederte sich 1981 in 13,8 Mio. ha (55,3 v. H.) Landwirtschaftsfläche, 8,2 Mio. ha (32,9 v. H.) Wald-, Wasser- und weitgehend unbewirtschaftete Flächen und 2,9 Mio. ha (11,8 v. H.) Siedlungsfläche (Wohnen 3,2 v. H., Industrie und Gewerbe 2,6 v. H., Verkehr 4,7 v. H., innergemeindliche Freiflächen 1,3 v. H.).

Die Flächennutzung für Wohn-, Gewerbe- und Industriebereiche sowie für den Verkehr umfaßt insgesamt 10,5 v. H. des Bundesgebietes. Hier sind die ursprünglich vorhandenen natürlichen und naturnahen Bodennutzungen[1] nahezu vollständig verdrängt worden. Aus diesen Arealen gelangen jährlich u. a. an Emissionen in die Umwelt (Stand 1982):

An Luftverunreinigungen 0,7 Mio. t Stäube, 3,0 Mio. t Schwefeldioxid, 3,1 Mio. t Stickstoffoxide, 8,2 Mio. t Kohlenmon-

---

[1] Der Begriff Bodennutzung umfaßt nicht nur zivilisatorische Veränderungen des Bodens, sondern schließt die sich selbst überlassene Natur und Landschaft — auch als Lebensgrundlage des Menschen — mit ein.

oxid und 1,6 Mio. t organische Verbindungen. Die Wasserwirtschaft ist dadurch gekennzeichnet, daß jährlich rd. 41,5 Mrd. Kubikmeter Wasser gefördert und rd. 44 Mrd. Kubikmeter Abwässer und Kühlwasser eingeleitet werden. Bei der Abwasserreinigung fallen jährlich 47 Mio. t Klärschlämme an. Das jährliche Abfallaufkommen aus Hausmüll und hausmüllähnlichen Abfällen beträgt rd. 32 Mio. t; hinzu kommen mehr als 50 Mio. t industrielle Produktionsabfälle, davon 3 bis 4 Mio. t Sonderabfälle.

Der Flächenverbrauch für Wohnen, Industrie, Gewerbe und Verkehr ist stetig angestiegen. Im Mittel der vergangenen Jahre betrug das Wachstum der Siedlungsfläche täglich etwa 113 ha[2]); eine Verlangsamung des Landverbrauchs konnte bis 1981 nicht festgestellt werden.

Die Bundesrepublik Deutschland hatte 1983 mit 1,96 Straßenkilometer je km^2 Fläche nach Belgien, Japan und den Niederlanden die vierthöchste Straßennetzdichte der Welt. Die Verkehrsflächen beanspruchen 4,7 v. H. des Bundesgebietes; hierbei sind die Immissionsbänder der Verkehrswege nicht eingerechnet. Im Bundesgebiet gibt es lediglich etwa 120 Flächen von 10 km mal 10 km, die nicht von Hauptverkehrsstraßen und Schienenwegen zerschnitten sind. Die Verkehrsemissionen betrugen 1982 rd. 5,3 Mio. t Kohlenmonoxid, rd. 0,62 Mio. t Kohlenwasserstoffe, rd. 1,69 Mio. t Stickstoffoxide, rd. 0,1 Mio. t Schwefeldioxid, 65 800 t Staub und 3 500 t Blei. Auf den Straßen wurden 1983 rd. 0,8 Mio. t Auftaumittel eingesetzt.

Knapp 30 v. H. der Fläche des Bundesgebietes sind bewaldet. Wälder stellen heute das großflächigste naturnahe Ökosystem dar. Bei forstlichen Monokulturen ist im Vergleich zur natürlichen Vegetation und Fauna die Zahl der Pflanzen- und Tierarten um mehr als die Hälfte geringer. Die als Rohstoffgrundlage genutzten Forsten wie auch die natürliche Flora und Fauna in den Wäldern sind gegenwärtig in starkem

---

[2]) Raumordnungsbericht 1982 der Bundesregierung (BT-Drucksache 10/210)

Maße durch menschliche Einwirkungen, besonders durch Eintrag von Luftschadstoffen und andere Einflüsse gefährdet. Nach dem Ergebnis der Waldschadensaufnahme 1983 war mehr als ein Drittel der Wälder geschädigt. Für 1984 wurde eine erhebliche Zunahme der Waldschäden auf rd. 50 v. H. festgestellt.

Die Fläche für Zwecke der Nahrungs- und Futtermittelproduktion beträgt 48,6 v. H. des Bundesgebietes. Mit Schwerpunkt in den Regionen intensiver Landwirtschaft werden jährlich rd. 30 000 t Pflanzenschutzmittelwirkstoffe, davon 60 v. H. Herbizide sowie rd. 3,5 Mio. t Hauptnährstoffe in Form von Handelsdünger, davon 1,5 Mio. t Stickstoff ausgebracht. Mit intensiver landwirtschaftlicher Nutzung, insbesondere bei stark vereinfachten Fruchtfolgen und Sonderkulturenanbau, ist ein erheblicher Rückgang von Pflanzen- und Tierarten verbunden. Extensiv landwirtschaftlich genutzte Flächen sind auch heute noch Regenerationszonen für wildlebende Pflanzen und Tiere.

Öd- und Unland, Moore und Heide als vom Menschen kaum genutzte, aber ökologisch besonders bedeutsame Flächen betragen nur noch 1,7 v. H.; rd. 0,9 v. H. sind als 1 670 meist kleinräumige Naturschutzgebiete ausgewiesen. Naturlandschaften sind nur noch die unbesiedelten Alpenregionen und das Wattenmeer.

Diese z. T. schwerwiegenden Einwirkungen menschlicher Tätikeiten auf die belebte und unbelebte Umwelt sind auf einen ökologisch vertretbaren Umfang zurückzuführen, damit die Bundesrepublik Deutschland aufgrund ihres zivilisatorischen, kulturellen und wirtschaftlichen Niveaus, aber auch wegen der Vielfalt, Eigenart und Schönheit von Kulturlandschaften und naturnaher Landschaftsteile weiterhin die Voraussetzungen für beste Lebensbedingungen bieten kann.

Mit den bisher durchgeführten Maßnahmen auf den Gebieten der Luftreinhaltung, des Gewässerschutzes, der Abfallbeseitigung und des Naturschutzes, besonders durch

— Minderung der Schadstoffemissionen an den Quellen,

— geordnete Entsorgung,

— Ausweitung von Schutzzonen

ist wesentliches zur Sicherung der Umwelt geleistet. Durch diese überwiegend sektoralen Ansätze zur Sanierung und zur Gefahrenabwehr und — soweit aus technischen und wirtschaftlichen Gründen unvermeidbar — infolge Verringerung örtlicher Schadstoffkonzentrationen durch Verteilung konnten jedoch Verlagerungen von Umweltbelastungen auf andere Bereiche, vor allem zu Lasten des Bodens nicht immer verhindert werden.

Trotz aller Anstrengungen zur Verminderung schädlicher Umwelteinwirkungen sind in qualitativer Hinsicht ernsthafte Gefahren und langfristige Risiken nicht auszuschließen. Deshalb ist für die nachhaltige Sicherung der natürlichen Lebensgrundlagen einschließlich des Bodens und seiner Funktionen ein weitergehender fachübergreifender umweltpolitischer Ansatz notwendig.

II. Bodenschutz als Querschnittsaufgabe des Umweltschutzes

Großflächige Schäden der Wälder, zunehmende Versorgungsprobleme mit hochwertigem Trinkwasser und die Notwendigkeit einer strikten Kontrolle der Nahrungs- und Futtermittel auf schädliche Stoffe zeigen, daß durch massive Umweltbelastungen, Übernutzung des Bodens und schleichende Umweltveränderungen Gefahren entstehen.

Diese Warnzeichen geben Anlaß zu der Sorge, daß bisher nicht ausreichende Vorkehrungen getroffen wurden, damit auch langfristig keine schwerwiegenden oder gar irreparablen Schädigungen des Bodens eintreten.

Mit Atmosphäre, Hydrosphäre, Biosphäre und Lithosphäre bildet der Boden ein System, das durch den Menschen beeinflußt wird oder dessen Tun beeinflußt.

Der Boden ist

— Lebensgrundlage und Lebensraum für Menschen, Tiere und Pflanzen,

— Teil der Ökosysteme mit ihren Stoffkreisläufen, besonders im Hinblick auf Wasser- und Nährstoffhaushalt,

— prägendes Element der Natur und der Landschaft.

Der Boden dient dem Menschen als

— Anbaufläche für die Erzeugung von Nahrungsmitteln, Futtermitteln und pflanzlichen Rohstoffen,

— Fläche für Siedlung, Produktion, Verkehr, Kommunikation,

— Lagerstätte für Abfälle und Filter für immittierte Stoffe,

— Grundwasserspeicher,

— Lagerstätte für Bodenschätze und Energiequellen,

— Erholungsraum,

— Archiv der Natur- und Kulturgeschichte.

Diese Funktionen des Bodens, ihre Schutzbedürftigkeit, die an sie gestellten Nutzungsansprüche und die daraus resultierenden Gefahrenpotentiale bilden die Bezugspunkte für die Bodenschutzpolitik der Bundesregierung.

Der Boden steht in wechselseitigen Abhängigkeiten zu anderen Lebensgrundlagen. Die Bundesregierung wird deshalb den Schutz des Bodens als eigengewichtige ressortübergreifende Aufgabe verstärken und gleichermaßen die Ausstrahlungswirkungen des Bodenschutzes auf andere Politikbereiche durch einen fachübergreifenden Ansatz berücksichtigen.

In diesem Zusammenhang sind besonders zu beachten:

— *Die Leistungsfähigkeit des Naturhaushalts*

   Der Bodenschutz hat Maßstäbe für die Erhaltung der Funktionen des Bodens im Naturhaushalt zu setzen, damit Gefahren für natürliche und naturnahe Ökosysteme wie auch für land- und forstwirtschaftlich geprägte Ökosysteme vermieden und bereits vorhandene Gefährdungen abgebaut werden. Daneben ist die Bodenfruchtbarkeit zur Sicherung des Bedarfs an Nahrungsmitteln, Futtermitteln und pflanzlichen Rohstoffen dauerhaft zu erhalten; langfristig bedenkliche Veränderungen der Stoffkreisläufe im Boden müssen deshalb frühzeitig festgestellt und korrigiert werden.

— *Ökologische Funktionen und Rohstoffreserven der Wälder*

Wesentliche Einflußfaktoren für die Waldschäden sind neben anderen Ursachen chemische und physikalische Veränderungen auch im Boden und die dadurch bedingten Störungen der Stoffwechselvorgänge. Große Teile des Waldes in der Bundesrepublik Deutschland dienen dem Immissions-, Boden-, Gewässer-, Klima-, Sicht- und Lärmschutz. Die Waldschäden haben für die unersetzbare ökologische Bedeutung des Waldes kaum abschätzbare Folgen, zudem leidet durch den verminderten Zuwachs die Bedeutung des Waldes als Rohstoffquelle.

Der Bodenschutz muß dafür Sorge tragen, daß weder durch stoffliche Einwirkungen über Luft und Wasser noch durch andere ungünstige Einwirkungen des Menschen wie Bodenverdichtungen, erosionsfördernde Eingriffe, nicht standortgerechter Waldbau oder Entwässerung, akute oder chronische Schädigungen der Waldböden eintreten.

— *Filter- und Pufferfähigkeit des Bodens*

Die Filter- und Pufferfähigkeit der Böden und die Erhaltung des Bodenlebens kann auf Dauer nur durch erhebliche Verminderung und ausreichende Begrenzung der Schadstoffeinwirkungen und anderer Einflußfaktoren gewährleistet werden. Aufgabe des Bodenschutzes ist es, Ursache-Wirkungszusammenhänge der verschiedenen Einwirkungen und Veränderungen im Boden aufzuzeigen und die Grenzen für Stoffeinträge und andere Belastungen anzugeben, wenn eine Vermeidung nicht möglich ist.

— *Wasserhaushalt*

Für die Güte von Grundwasser und Oberflächengewässern sind die Filtereigenschaften des Bodens von grundlegender Bedeutung. Diese dürfen weder durch mechanische Eingriffe noch durch Immissionen noch durch Anwendung von Düngemitteln, Pflanzenschutzmitteln, noch durch Abwässer, Verunreinigungen mit wassergefährdeten Stoffen aus Deponien, Leckagen oder Unfällen überlastet werden. Der Bodenschutz hat hier die Anforderungen des Grundwasser- und Gewässerschutzes zu berücksichtigen.

In Ufer- und Überschwemmungsbereichen werden Bodenzustand, Bodenleben und Biotope von der Gewässergüte unmittelbar beeinflußt. Der Bodenschutz muß hier gleichermaßen die ökologischen Funktionen der Gewässer und die Anforderungen des Biotop- und Artenschutzes berücksichtigen.

Der Bodenwasserhaushalt wird durch die Durchlässigkeit und Speicherfähigkeit des Bodens für Niederschläge und Grundwasser, durch die Bodennutzung und durch Grundwasserentnahmen maßgebliche beeinflußt.

Der Bodenschutz hat sowohl die ökologischen Anforderungen als auch die Anforderungen zur Sicherung einer nach Güte und Menge ausreichenden Wasserversorgung im Hinblick auf Bodeneigenschaften und -nutzung zu berücksichtigen.

— *Nahrungsmittelerzeugung*

Belastungen von Nahrungsketten haben ihre Ursachen zu einem wesentlichen Anteil in Konzentrationen unerwünschter Stoffe im Boden und in der Aufnahme dieser Stoffe durch Pflanzen. Der Bodenschutz hat Maßstäbe des Gesundheitsschutzes zu berücksichtigen, damit gesundheitsgefährdende Faktoren für die menschliche Ernährung durch pflanzliche und tierische Nahrungsmittel nicht auftreten können. Deshalb muß der Übergang unerwünschter Stoffe vom Boden in die Nahrungskette unterhalb einer Schwelle gehalten werden, die mit hoher Sicherheit auch gegen Restrisiken als gesundheitlich unbedenklich einzustufen ist.

— *Land- und Forstwirtschaft*

Die Land- und Forstwirtschaft wirkt großflächig auf den Naturhaushalt ein. Sie ist ordnungsgemäß, wenn sie u. a. die Bodenfruchtbarkeit insbesondere durch Aufrechterhaltung eines geordneten Nährstoff- und Humushaushalts dauerhaft sichert. Gleichzeitig muß eine ordnungsgemäße Land- und Forstwirtschaft u. a. die Wechselwirkungen zwischen den Bodenfunktionen in Agrar- und Forstökosystemen und natürlichen Ökosystemen soweit beachten, daß die Stabilität des Naturhaushalts insgesamt nicht gefährdet wird. Der Bodenschutz muß stoffliche Einflüsse auf Böden (Nährstoffentzug und -zufuhr, Anwendung von Pflanzenschutzmitteln) und Veränderungen der Bodenstruktur und damit Eingriffe in die Wirkungszusammenhänge von Boden, Flora und Fauna auf einen ökologisch vertretbaren Umfang begrenzen und daneben gleichrangig die Sicherung einer langfristig ausreichenden Versorgung mit land- und forstwirtschaftlichen Erzeugnissen berücksichtigen.

— *Rohstofflagerstätten*

Die Sicherung der Zugriffsmöglichkeit auf Rohstoffvorräte gehört zu den Aufgaben des Bodenschutzes. Der Bodenschutz muß daher neben den ökologischen Anforderungen gleichrangig die Sicherung einer langfristig ausreichenden Rohstoffversorgung berücksichtigen. Eingriffe in den Naturhaushalt und in den Landschaftscharakter sind dabei so gering wie möglich zu halten. Die Regelungen des Bodenschutzes müssen hier für Boden- und Flächennutzungskonflikte Maßstäbe angeben.

— *Abfallbeseitigung*

Aus allen Bereichen menschlicher Tätigkeit werden Abfälle zu einem erheblichen Teil auf Bodenoberflächen oder in tieferen Schichten deponiert. Von dieser Lagerung dürfen keine dauerhaften und schwerwiegenden Belastungen der Nutzungsmöglichkeit angrenzender Bodenflächen ausgehen. Der Bodenschutz muß die Anforderungen für die langfristige ökologische Verträglichkeit von Standorten der Abfallbeseitigung und für die Sanierung und Renaturierung der durch Altlasten kontaminierten Standorte bestimmen.

— *Flächennutzung und Raumordnung*

Die Boden- und Flächennutzungen müssen durch die günstigste Verteilung und Zuordnung sowie in Art und Umfang auf langfristige ökologische Anforderungen Rücksicht nehmen. Bodenschutz schließt hier die Beachtung und Bewertung gesellschaftlicher Anforderungen an die Bodenfunktionen unter Anlegung der Maßstäbe der Umweltverträglichkeit und einer Prüfung der Auswirkungen auf den Raum ein.

Bei Überlastungen, vermuteten erhebliche Gefährdungen oder absehbarer Vernichtung von Böden haben ökologische Belange grundsätzlich Vorrang.

III. Arbeitsauftrag

1. Gemeinsame Erklärung zum Bodenschutz

Der Auftrag zur Erarbeitung einer Bodenschutzkonzeption der Bundesregierung ist in der Gemeinsamen Erklärung der für den Schutz des Bodens verantwortlichen Bundesminister des Innern, für Ernährung, Landwirtschaft und Forsten, für Raumordnung, Bauwesen und Städtebau, für Wirtschaft, für Verkehr, der Verteidigung, für Jugend, Familie und Gesundheit sowie für Forschung und Technologie vom 28. Februar 1983 festgelegt worden:

„Die Bundesminister haben entschieden, daß der Schutz des Bodens künftig umfassend wie Naturschutz und Landschaftspflege, Luftreinhaltung, Lärmbekämpfung, Sicherung des Wasserhaushalts und Abfallbeseitigung wahrgenommen werden soll. Die vielfältigen ökologischen wie auch ökonomischen Zusammenhänge und Wechselwirkungen sind von vornherein einzubeziehen.

Der Schutz des Bodens ist ein Schwerpunkt der Umweltpolitik der Bundesregierung. Die vielfältigen Einwirkungen auf den Boden verlangen eine umfassende Schutzkonzeption im Hinblick auf

— Belastungen der Bodensubstanz durch Eintrag von Schadstoffen, insbesondere von Schwermetallen und anderen Stoffen, die in der Umwelt nicht oder nur schwer abbaubar sind,

— Belastungen der Bodenstruktur wie Erosionen und Bodenverdichtungen infolge von Eingriffen,

— Belastungen der Bodenfläche durch Landschaftsverbrauch, wie unbedachte Inanspruchnahme natürlicher oder naturnahe genutzter Flächen für Siedlung, Industrie und Verkehr,

die zu Gefährdungen unter anderem für die Nahrungsmittelerzeugung, für Biotope und für den Wasserhaushalt führen können.

Beim Schutz des Bodens als Lebensraum und Lebensgrundlage für Menschen, Tiere und Pflanzen sind insbesondere zu beachten seine Funktionen als

— Teil der Natur der Landschaft,

— Produktionsgrundlage für Land- und Forstwirtschaft,

— Speicher und Filter für den Wasserhaushalt,

— Träger von Bodenschätzen,

— Siedlungs- und Wirtschaftsfläche.

Gefährdungen und Schäden können auf Dauer nur durch vorsorgende Maßnahmen und Abwägung der an den Boden gestellten Ansprüche vermieden werden."

2. Interministerielle Arbeitsgruppe Bodenschutz

Die am 7. Januar 1983 gebildete Interministerielle Arbeitsgruppe Bodenschutz (IMAB) hat die Schwerpunkte

— Landwirtschaft und Naturschutz,

— Wasserhaushalt,

— Bodenschätze,

— Flächennutzung,

— Belastungen und Nutzungsansprüche

in fünf Unterarbeitsgruppen untersucht und eine systematische Bodenschutzkonzeption vorbereitet. Die IMAB hatte darüber hinaus den Auftrag, Möglichkeiten des Vollzugs sowie flankierende Maßnahmen zu untersuchen; ferner war zu prüfen, ob weitere rechtliche Regelungen notwendig sind.

Bei den Arbeiten an der Bodenschutzkonzeption wurde auch der am 20. Mai 1983 vorgelegte Abschlußbericht der nichtministeriellen Projektgruppe „Aktionsprogramm Ökologie" hinsichtlich seiner Forderungen und Grundsätze für den Bodenschutz ausgewertet.

3. Bund/Länder-Arbeitsgruppe „Bodenschutzprogramm"

Die Umweltminister der Länder und des Bundes haben durch Beschluß der 19. Umweltministerkonferenz vom 12. November 1982 eine Bund/Länder-Arbeitsgruppe „Bodenschutzprogramm" eingesetzt. Auf diese Weise ist der grundgesetzlichen Aufgabenverteilung zwischen Bund und Ländern von vornherein Rechnung getragen worden. Die Bund/Länder-Arbeitsgruppe soll einen Schlußbericht mit Inhalten für ein Bodenschutzprogramm bis Ende 1984 fertigstellen und der Umweltministerkonferenz vorlegen.

IV. Weiteres Vorgehen der Bundesregierung

Nach Verabschiedung der Bodenschutzkonzeption der Bundesregierung ist beabsichtigt, wie dies auch der Deutsche Bundestag in seinem Beschluß „Unsere Verantwortung für die Umwelt" vom 9. Februar 1984 (Plenarprotokoll 10/53, BT-Drucksache 10/870) gefordert hat, in arbeitsteiliger Kooperation mit den Ländern auf der Grundlage der Bodenschutzkonzeption und des Abschlußberichts der Bund/Länder-Arbeitsgruppe „Bodenschutzprogramm" die Erfordernisse des Bodenschutzes zu konkretisieren und die notwendigen Schutzmaßnahmen nach Inhalten, Prioritäten, Zeit- und Kostenrahmen festzulegen.

B. Allgemeiner Teil

I. Leitlinien des Bodenschutzes

Die Bundesregierung geht in ihrer Bodenschutzpolitik davon aus, daß die Nutzungen des Bodens in ihrer Wertigkeit grundsätzlich keiner Rangfolge unterworfen sind, daß jedoch der Leistungsfähigkeit der natürlichen Lebensgrundlagen für Menschen, Tiere und Pflanzen als notwendiger Voraussetzung für die Erhaltung aller Bodenfunktionen besondere Bedeutung zukommt.

Dieser Ansatz ist dadurch begründet, daß der Boden zusammen mit Wasser, Luft und Sonnenlicht Grundlage allen Lebens und ganz überwiegend Ausgangs- und Endpunkt menschlicher Aktivitäten ist. Aus der Einsicht, daß jede Art menschlichen Handelns nachhaltig und auf Dauer nur dann sinnvoll möglich ist, wenn die Naturgrundlagen überlegt und schonend in Anspruch genommen werden, will die Bundesregierung durch verstärkten Bodenschutz auch die ökonomischen Funktionen des Bodens fördern und stützen. Dies schließt die Verantwortung für die nachkommenden Generationen ein, denen die Folgelasten aus der Gegenwart nicht aufgebürdet werden sollen.

Die Aufgabe, einen wirksamen Schutz des Bodens zu gewährleisten, ist außerordentlich vielfältig und gekennzeichnet durch

— *Gefahrenpotentiale*

  Qualitativ und quantitativ unterschiedlichen, aber stets vorhandenen Gefahrenpotentiale muß begegnet werden. Dazu gehören

  — Eintrag, mögliche Anreicherung sowie Austrag von Stoffen,

  — Veränderungen von physikalischen, chemischen und biologischen Bodeneigenschaften,

- Bebauung und Zerschneidung von Freiräumen,
- Aussterben von Tier- und Pflanzenarten,
- Reduzierung besonders wertvoller und deshalb unverzichtbarer Bodenflächen,
- großräumige Grundwasserabsenkungen bei der Rohstoffgewinnung im Tieftagebau und im untertägigen Bergbau sowie durch Wassergewinnung.

— *Kenntnisstand*

Die Vielschichtigkeit, räumliche Ausdehnung, zeitliche Dynamik von Veränderungen in Ökosystemen und die Irreversibilität mancher Vorgänge bedingen, daß nach dem heutigen Kenntnisstand vielfach nicht exakt angegeben werden kann, zu welchem Zeitpunkt und aufgrund welcher Einwirkungen eine ernsthafte Gefährdung der Bodenfunktionen vorliegt oder eintreten wird. Hinzu kommt, daß Gefährdungen nach einer Analyse des Status quo häufig nicht erkannt, sondern erst mit Hilfe langfristiger Prognosen bestimmt werden können.

Bodenschutzanforderungen sind deshalb in besonderem Maße zukunftsgerichtet und vorsorgeorientiert. Die Bundesregierung wird konsequent alle Anstrengungen unternehmen, vorhandene Defizite abzubauen sowie Gefahren und Risiken für den Boden möglichst gering zu halten.

Bei der Abwägung in den Politikbereichen, die Auswirkungen auf den Boden haben, wird die Bundesregierung klare Prioritäten zugunsten eines verstärkten Bodenschutzes setzen. Hier bestehen zwei zentrale Handlungsansätze:

1. Die Minimierung von qualitativ oder quantitativ problematischen Stoffeinträgen aus Industrie, Gewerbe, Verkehr, Landwirtschaft und Haushalten.

   Dies bedeutet:

   Es ist stetig anzustreben, daß durch Begrenzungsmaßnahmen an allen Quellen der Schadstoffe und durch umweltschonende Zuordnung der Flächennutzungen ein Gleichgewicht auf möglichst niedrigem Niveau zwischen dem

Eintrag von Schadstoffen und den natürlichen Regelungsfunktionen des Bodens entsteht. Auf längere Sicht muß deshalb die Abgabe von unerwünschten Stoffen sowohl mittelbar über Luft und Wasser als auch unmittelbar in den Boden soweit wie möglichst durch Kreislaufführung oder Reststoffmanagement ersetzt werden. Insbesondere sind Vermeidungs- und Verwertungsgebote vorzusehen.

2. Eine Trendwende im Landverbrauch.

   Dies schließt ein:

   Bodennutzungen sind stärker den natürlichen Standortbedingungen anzupassen; dies gilt auch für landwirtschaftliche Nutzungen. Die Rohstoffvorkommen sind aus volkswirtschaftlicher und ökologischer Gesamtschau sparsam und effektiv zu nutzen. Noch vorhandene natürliche und naturnah genutzte Flächen sind grundsätzlich zu sichern. Vor weiteren Baulandausweisungen und Erschließungsmaßnahmen sind die innergemeindliche Bestandserhaltung und -erneuerung, flächensparendes Bauen und der Ausbau vorhandener Verkehrswege zu fördern. Eine flächenschonende Zuordnung der Bodennutzungen muß Inanspruchnahme und Belastungen des Bodes gering halten; dazu sind bei allen planerischen Abwägungsprozessen ökologische Anforderungen stärker zu gewichten.

Soweit im Rahmen einer Bodenschutzkonzeption möglich, werden die Handlungsansätze in Abschnitt C — Besonderer Teil — im einzelnen ausgeführt.

II. Programmatische Grundlagen der Bodenschutzpolitik

Schädliche Veränderungen des Bodens bleiben häufig zunächst unbemerkt; entsprechend bahnen sich oftmals schleichende Folgewirkungen an, die dann aber unvermittelt und innerhalb kurzer Fristen immer schwerwiegender und möglicherweise nicht mehr umkehrbar werden. Der Boden als Fläche ist eine knappe und nicht vermehrbare Ressource, die den vielfältigen Nutzungsansprüchen Grenzen setzt.

Der Boden steht als Produktionsfaktor neben Arbeit und Kapital seit jeher im Zentrum des wirtschaftlichen Interesses. Bodenschutzanforderungen haben zwangsläufig Auswirkungen auf alle Bereiche von Produktion, Güterverteilung und Verbrauch. Wenn Schäden erst eingetreten sind, müssen in vielen Fällen Einschränkungen wirtschaftlicher Aktivitäten in Kauf genommen, aufwendige Sanierungsmaßnahmen durchgeführt oder, falls dies nicht möglich ist, Umweltrisiken über lange Zeiträume hingenommen werden.

Auch Bodenschutzpolitik muß langfristig verläßliche und berechenbare Rahmenbedingungen schaffen, die Selbstverantwortlichkeit des einzelnen und das Eigeninteresse der Wirtschaft durch strikte Anwendung des Verursacherprinzips und weiteren Ausbau des Kooperationsprinzips stärken.

1. Vorsorgeprinzip

Der Bodenschutz hat nachdrücklich dem Vorsorgeprinzip Rechnung zu tragen, zumal aus der extremen Beanspruchung der in der Bundesrepublik Deutschland verfügbaren begrenzten Ressourcen und dem Schadstoffeintrag aus der Verarbeitung importierter Rohstoffe gefolgert werden muß, daß Staat, Wirtschaft und Verbraucher hier künftig konsequenter handeln müssen.

Dem Vorsorgeprinzip im Bodenschutz müssen konstruktive und nachvollziehbare umweltpolitische Handlungsmaximen folgen:

— Die jeweils günstigsten Lösungen für den Schutz des Bodens, die in anderen Ländern verwirklicht sind, müssen in geeigneter Weise auch in der Bundesrepublik Deutschland eingeführt werden.

— Zur Sicherung und Erhaltung der natürlichen Lebensgrundlagen sollen im Interesse der umweltpolitischen

Kontinuität die notwendigen instrumentellen Umsetzungsmöglichkeiten für den Bodenschutz weitestgehend auf den bestehenden rechtlichen Instrumentarien und organisatorischen Strukturen aufbauen.

— Dem Verhalten staatlicher und öffentlich kontrollierter Einrichtungen kommt eine zentrale umweltpolitische Bedeutung zu: Nur in dem Maße, in dem Bund, Länder und Gemeinden selbst Umwelterfordernisse bei Planungen und Planungsvorgaben, bei der Vergabe von Aufträgen, bei Beschaffungen und unternehmerischen Entscheidungen berücksichtigen, kann dies auch von den gesellschaftlichen Kräften verlangt werden. Von der öffentlichen Hand muß erwartet werden, daß sie den Schutz des Bodens in beispielgebender Weise im eigenen Bereich durchsetzt.

— Wo ein nachweisbarer Zusammenhang von Ursachen und Wirkungen bodenbeeinträchtigender Faktoren noch nicht vorliegt, aber insoweit begründete Anhaltspunkte gegeben sind, ist bereits im Vorfeld der Gefahrenabwehr vermeidbaren Schäden vorzubeugen. Begründete Anhaltspunkte für vorsorgende Maßnahmen können bereits gegeben sein, wenn bestimmte Emissionsentwicklungen mit bestimmten Beeinträchtigungen des Bodens in hoher Koinzidenz stehen oder ein Kausalitätsnachweis im statistischen Sinne geführt werden kann. Bei besonderen Gefahrenpotentialen muß allerdings auch eine niedrigere statistische Sicherheit für eine Beweisführung ausreichen. Im Falle von Gesundheitsschäden durch Umwelteinflüsse muß der „epidemiologische Nachweis" genügen; damit wird der Schutz von Gefährdeten entscheidend verstärkt.

— Die technischen Umweltvorschriften müssen — soweit ähnlich gelagerte Fragestellungen vorliegen — auf möglichst hohem Anforderungsniveau einander angeglichen und weiterentwickelt und die jeweils fortschrittlichsten Technologien zur Minimierung der Schadstoffe und zur rationellen Verwendung von Rohstoffen und Energie in allen Bereichen des Umweltschutzes angewendet werden. Dies gibt zugleich Impulse für Innovationen.

Bei der Begrenzung von Schadstoffemissionen sind anstelle von nachgeschalteten Reinigungsmaßnahmen künftig verstärkt emissionsarme Verfahren zu entwickeln.

Zur Verringerung der Schadstoff-Frachten müssen über die Großfeuerungsanlagen-Verordnung und die Novelle zur TA Luft vom 23. Februar 1983 hinaus Lösungen für problematische Altanlagen und Altlasten gleichermaßen erarbeitet werden.

— Integrierter Pflanzenbau ist weiterzuentwickeln und auf breiter Grundlage in der landwirtschaftlichen Praxis anzuwenden.

— Während der Arten- und Biotopschutz in der Regel bisher auf solche Tier- und Pflanzenarten und Lebensgemeinschaften begrenzt wird, die natürlicherweise selten vorkommen oder aber bedroht sind, müssen aus der Sicht des Bodenschutzes die belebten und unbelebten Umweltfaktoren systematisch in ihrer ökologischen Bedeutung berücksichtigt werden. Die Lebensgrundlagen des Menschen werden über vielfältige Verflechtungen von Ursachen und Wirkungen auch durch Einwirkungen auf die Umwelt betroffen, die für ihn scheinbar keine Rückwirkungen haben. Eine auch ökologisch ausgerichtete Bodenschutzpolitik muß deshalb neben der Bestimmung von Bedingungen, die durch den Umweltschutz für menschliche Aktivitäten vorgegeben werden, den Schutz der Naturgüter auch um ihrer selbst willen, d. h. unabhängig von ihrer Häufigkeit oder Gefährdung einschließen.

Diese Vorsorgestrategien umfassen über die dauerhafte Sicherung der Produktion unbedenklicher Nahrungsmittel, Futtermittel und Rohstoffe hinaus vor allem

— die Erhaltung oder Wiederherstellung eines ausgewogenen Wasserhaushalts, vor allem im Hinblick auf Menge und Güte des Grundwassers,

— die Erhaltung von Faktoren zur Stabilisierung des Klimas,

- die Erhaltung der Stoffkreisläufe,
- die Erhaltung der Filterfunktionen des Bodens für den Abbau von Stoffen und Regeneration geschädigter ökologischer Systeme,
- die Erhaltung der Arten und der genetischen Vielfalt von Fauna und Flora,
- die Sicherung von Erholungsfunktionen durch Erhalten oder — soweit möglich — Wiederherstellen naturnaher Landschaften.

2. Verursacherprinzip

Die Bundesregierung hat das Verursacherprinzip als Grundsatz für die Einbeziehung der Kosten zur Vermeidung, Beseitigung und zum Ausgleich von Umweltbelastungen in die internen Kostenrechnungen der Wirtschaftssubjekte definiert. Darin eingeschlossen sind die Kosten, die außerhalb der einzelnen Wirtschaftseinheiten entstehen, also von der Allgemeinheit zum größten Teil getragen werden.

Das Verursacherprinzip ist bisher weitgehend als betriebswirtschaftlicher Kostenfaktor bei Umweltschutzmaßnahmen angewandt worden, ohne daß den einzelwirtschaftlichen Kosten jeweils die in der Regel von der Allgemeinheit zu tragenden Kosten für den Ausgleich von Umweltbelastungen gegenübergestellt wurden. Diese Kosten müssen jedoch künftig zu den einzelwirtschaftlichen Kosten hinzugerechnet werden. Kein Bereich ist hiervon ausgenommen.

3. Kooperationsprinzip

Aus der Einsicht, daß die Betroffenen — sei es durch Umweltauswirkungen selbst oder aber durch Aufwendungen für den Umweltschutz — ein natürliches Interesse einer Mitwirkung haben, daß die Bundesregierung bei der Lösung von Umweltproblemen die Beteiligung aller Kräfte und Gruppen der Gesellschaft erweitert und ermutigt:

— Verfahrensbeteiligungen sind in den Planfeststellungsverfahren, in Genehmigungsverfahren nach dem Bundes-Immissionsschutzgesetz, in atomrechtlichen Verfahren, im Bundesbaugesetz und im Städtebauförderungsgesetz verankert. Das Bundesnaturschutzgesetz bestimmt — darüber hinausgehend — auch für anerkannte Verbände Mitwirkungsrechte bei bestimmten Maßnahmen des Naturschutzes und der Landschaftspflege.

— Die Natur- und Umweltverbände werden bei der Fortschreibung des Bundesverkehrswegeplans gehört, damit ihre Vorstellungen bei der politischen Entscheidungsfindung mit berücksichtigt werden können. Auf der gleichen Linie liegt die Information der Betroffenen im Vorfeld der Linienbestimmung von Bundesfernstraßen.

— Bei der Vorbereitung von Gesetzen ist in der Gemeinsamen Geschäftsordnung der Bundesministerien vorgesehen, daß die beteiligten Fachkreise und Verbände regelmäßig angehört werden. In gleicher Weise wird bei der Vorbereitung von Rechtsverordnungen und Verwaltungsvorschriften auf dem Umweltgebiet verfahren. Daneben werden die Betroffenen über die Umweltverbände auch in die Vorbereitung anderer staatlicher Maßnahmen einbezogen.

Das Kooperationsprinzip hat sich daneben durch Branchenvereinbarungen mit der Wirtschaft als nutzbringend erwiesen; es verlangt allerdings von seiten der Wirtschaft mehr als nur das Einbringen ökonomischer Interessen. Kooperation von Staat und Wirtschaft, d. h. Verzicht auf enge staatliche Reglementierungen zugunsten größerer Freiheit für wirtschaftliches Handeln nimmt die Wirtschaft folglich in die Pflicht, bessere, schnellere oder kostengünstigere Lösungen zu realisieren, als dies mit Hilfe staatlicher Maßnahmen allein erreicht werden könnte.

Die Erfahrungen zeigen aber auch, daß das Kooperationsprinzip im Interesse des Bodenschutzes bei der Umsetzung politischer Entscheidungen durch Mitwirkung der Betroffenen im frühestmöglichen Stadium der Planungen bei der Bewertung der ökologischen Folgen ausgebaut werden sollte.

4. Haushälterischer Umgang mit dem Boden

Erhaltung, Pflege und Entwicklung des Bodens müssen darauf gerichtet sein, seine ökologischen Funktionen und seine Nutzbarkeit nach Fläche und Güte jetzt und für nachfolgende Generationen sicherzustellen.

Beeinträchtigungen des Bodens können durch technische Maßnahmen nur teilweise rückgängig gemacht werden. Der ursprüngliche Zustand läßt sich in der Regel nicht wiederherstellen.

Die Entscheidungen über konkrete Bodennutzungen fallen ganz überwiegend auf lokaler oder regionaler Ebene. Allerdings kann dort eine Abschätzung der Nutzungsfolgen in ihrer Gesamtheit sowohl in ökologischer als auch in ökonomischer Hinsicht kaum vorgenommen werden. Auch überregional und gesamtwirtschaftlich muß infolgedessen das Ziel eines schonenden und haushälterischen Umgangs mit dem Boden beim Ausgleich bodenbeanspruchender Maßnahmen verfolgt werden.

5. Schutz des Bodens als Regelungsmaßstab

Vom Boden aus werden die Menge und Güte von Nahrungsmitteln, Futtermitteln und Trinkwasser sowie der nachwachsenden Rohstoffe ebenso wie die Anreicherung von Stoffen im Boden oder der Transport dieser Stoffe in das Grundwasser und in die Luft maßgeblich beeinflußt.

Soweit menschliche Eingriffe zu Belastungen der Nahrungskette mit Schadstoffen, zu Grundwasserschäden und zu nachhaltigen Störungen der anderen vom Boden abhängigen Funktionen führen können, muß der Schutz des Bodens als einer der unverzichtbaren Regelungsmaßstäbe gelten. Bei der weiteren instrumentellen Ausgestaltung des Umweltschutzes selbst sind deshalb neben den primären Schutzzielen die Folgewirkungen auf den Boden ausdrücklich und unmittelbar einzubeziehen.

6. Sozialpflichtigkeit des Bodens

Anders als Luft und Wasser ist der Boden ohne Ausnahme privates oder öffentliches Eigentum. In neuerer Zeit haben wirtschaftliche Zwänge und intensivere Bewirtschaftungsformen eine Vielzahl von Eingriffen zur Folge, die im einzelnen zunächst unschädlich und durch die Eigentumsrechte begründet sein mögen, in ihrer Summe jedoch zu ernsthaften Gefährdungen des Bodens führen können.

Weil der Boden unvermehrbar und unentbehrlich ist, hat das Bundesverfassungsgericht in einer Entscheidung vom 12. Januar 1967 (BVerfE Bd. 21, S. 73ff) die Sozialpflichtigkeit des Eigentums an diesem Rechtsgut besonders hervorgehoben. Danach kann die Nutzung von Grund und Boden nicht dem unübersehbaren Spiel der freien Kräfte und dem Belieben des einzelnen überlassen werden:

„eine gerechte Rechts- und Gesellschaftsordnung zwingt vielmehr dazu, die Interessen der Allgemeinheit beim Boden in weit stärkerem Maße zur Geltung zu bringen als bei anderen Vermögensgütern.

Der Grund und Boden ist weder volkswirtschaftlich noch in seiner sozialen Bedeutung mit anderen Vermögenswerten ohne weiteres gleichzustellen. Das Gebot sozialgerechter Nutzung ist ... nicht nur eine Anweisung für das konkrete Verhalten des Eigentümers, sondern in erster Linie eine Richtschnur für den Gesetzgeber, bei der Regelung des Eigentumsinhalts das Wohl der Allgemeinheit zu beachten. Es liegt hierin die Absage an eine Eigentumsordnung, in der das Individualinteresse den unbedingten Vorrang vor den Interessen der Gemeinschaft hat" (BVerfG a.a.O. S. 83).

Beim Bodenschutz ist deshalb die Sozialpflichtigkeit des Eigentums an Grund und Boden von besonderer Bedeutung.

7. Internationale und zwischenstaatliche Zusammenarbeit

Nur durch der bedrängten Umweltsituation national angemessene Maßnahmen kann auch im internationalen und zwischenstaatlichen Bereich eine Politik durchgesetzt werden, die zusätzliche nachteilige Einwirkungen auf den Boden von außen, vor allem aus den west- und osteuropäischen Staaten begrenzt. Hier müssen vor allem Maßnahmen an der Quelle der Umweltverschmutzung auf vergleichbarem, möglichst hohem technischen Niveau erreicht werden. Außerdem sollten die grenzüberschreitenden Emissionsfrachten nach Art und Umfang herabgesetzt werden.

Den Gefahren grenzüberschreitender ökologischer Auswirkungen sowie großräumiger und fortschreitender Bodenveränderungen muß durch internationale bzw. zwischenstaatliche Übereinkommen, z. B. auf der Grundlage der Europäischen Bodencharta (Europarat, 1972) begegnet werden. Auch für den Bodenschutz kommt der Zusammenarbeit in der Europäischen Gemeinschaft herausragende Bedeutung zu, weil durch eine Harmonisierung der Maßnahmen des Bodenschutzes grenzüberschreitende Belastungen vermindert und zugleich Wettbewerbsnachteile besonders im industriellen und agrarwirtschaftlichen Bereich vermieden werden können.

Die Bundesregierung wird darauf achten, daß gemeinschaftliche Maßnahmen den besonderen Anforderungen des Bodenschutzes in der Bundesrepublik Deutschland Rechnung tragen und daß strengere nationale Regelungen zum Schutz des Bodens nicht ausgeschlossen werden.

III. Informationsgrundlagen des Bodenschutzes

1. Bisheriger Informationsstand

Grundlagenkenntnisse über den Boden sind auf vielen Gebieten vorhanden.

Wissenschaft und Praxis der land- und forstwirtschaftlichen Bodenkunde, Pflanzenernährung und Bodenbewirtschaftung zählen hier nach wie vor zu den wesentlichen Grundlagen. Dazu gehören auch eine Vielzahl von Forschungsergebnissen der klassischen Naturwissenschaften, wie z. B. der Geologie, der Geophysik und -chemie, sowie die aus den Forschungs- und Entwicklungsvorhaben in den Bereichen der Umweltforschung des Bundes gewonnenen Kenntnisse.

Die Bundesregierung hat in ihrer Antwort auf die Große Anfrage zum Schutz des Bodens vom 1. Februar 1984 (BT-Drucksache 10/949) über die Schwerpunkte ihrer Forschungstätigkeit im Bereich des Bodenschutzes berichtet.

Darüber hinaus wurde in Zusammenarbeit mit dem Bayerischen Staatsministerium für Landesentwicklung und Umweltfragen bis 1983 ein Instrumentarium für ökologische Systemanalysen und Auswertungen erarbeitet und erprobt, das nunmehr auch für Aufgaben des Bodenschutzes weiterentwickelt werden kann.

2. Informationsdefizite

In allen Forschungsgebieten mit Bezug zum Bodenschutz bestehen jedoch noch erhebliche Lücken vor allem über

— eine flächendeckende Bodenbeobachtung und -dokumentation einschließlich der Erfassung von Herkunft, Eintrag, Abbau und Rückständen von Schadstoffen in Böden und Grundwasser. Diese Mängel sind u. a. bei den in den letzten Jahren durchgeführten Untersuchungen über die Schwermetallbelastung der Böden in der Bundesrepublik Deutschland besonders deutlich geworden;

— die Bewertung bereits bekannter Daten zum Zustand der Umwelt, z. B. die bodenschutzbezogenen Aufschlüsselung der Flächennutzungs-, Regional- und Agrarstatistik;

— die Ursache-Wirkungs-Verläufe von Schadstoffeinträgen, insbesondere die Langzeit- und synergistischen Effekte sowie die Auswirkungen auf andere ökologische Systeme;

— die Methoden- und Modellentwicklung.

In Hinblick auf die vielfältigen Verflechtungen der Bodenfunktionen mit den Stoffkreisläufen des Naturhaushalts erweist sich das erhebliche Wissensdefizit in der Ökosystemforschung als zunehmend nachteilig.

In der Bundesrepublik Deutschland gibt es zur Zeit keine ausreichend genauen Kenntnisse über Art und Umfang der Belastung von Ökosystemen einschließlich der Böden und über die daraus resultierenden Folgen. Die in Betrieb befindlichen Umweltüberwachungssysteme sind in der Regel anlagen- (verursacher-) orientiert. Bisher gibt es keine wissenschaftlichen und allgemein anerkannten Methoden zur Erfassung und Bewertung von Ökosystemen; sie sind nur in Versuchsstadien vorhanden.

Diese Defizite werden im Rahmen der Forschungsförderung aufgearbeitet. Forschung und Entwicklung sind deshalb ein wichtiger Bestandteil der Vorsorgestrategien.

3. Zukünftige Forschungs- und Entwicklungsaufgaben

Die Ausführungen zum „Bodenschutz als Querschnittsaufgabe des Umweltschutzes" (A. II), zu „Leitlinien des Bodenschutzes" (B. I) und zu „Programmatische Grundlagen der Bodenschutzpolitik" (B. II) enthalten eine Fülle offener Fragen, die im Rahmen der Forschung und Entwicklung zu beantworten sind, damit die zentralen Handlungsansätze (B. I) konkretisiert angewandt werden können. Die Verflechtung von Bodenfunktionen, Nutzungsansprüchen und belastenden Einwirkungen erfordert eine disziplinübergreifende Forschungsstrategie.

3.1 Forschungsschwerpunkte

Die Intensivierung der ökologischen Grundlagenforschung und — damit verbunden — eine Erweiterung der bisher im wesentlichen an der land- und forstwirtschaftlichen Produktion orientierten bodenkundlichen Forschungstätigkeit ist vordringlich. Dies erfordert vor allem die Untersuchung der Auswirkungen der verschiedenen Bodenbelastungen, insbesondere durch Chemikalien, ihrer Mobilität und Stoffumwandlung im Boden einschließlich der Entwicklung von Techniken zur Verbesserung belasteter Böden, ihrer biologischen Verfügbarkeit im Boden sowie der Grenzen der Belastbarkeit des Bodens und der Ökosysteme. Darüber hinaus sind Untersuchungen erforderlich über die Auswirkungen des Schadstoffeintrags über den Boden in das Grundwasser einschließlich der Folgen für die Oberflächengewässer.

Ein weiterer wichtiger Aufgabenbereich ist die Verbreiterung der Kenntnisse über die ökologischen Grundlagen für den Schutz von Biotopen einschließlich ihrer Tier- und Pflanzengesellschaften. Die methodischen und praktischen Voraussetzungen für die Sicherung von Biotopstandorten gefährdeter Pflanzen- und Tierarten sind zu verbessern. Dies schließt Untersuchungen zur Entwicklung und Wiederherstellung gefährdeter Lebensräume für Pflanzen und Tiergesellschaften mit ein. Bioindikatoren sind zu ermitteln, die Auswirkungen anthropogener und anderer Einflüsse auf den Naturhaushalt frühzeitig erkennen lassen. Dies gilt auch für die Bewertung von Eingriffen in Bodengestalt und -nutzung mit ihren Folgen für Lebensstätten und Lebensgemeinschaften von Flora und Fauna.

3.2 Bodenbeobachtung und -dokumentation

Eine grundlegende Voraussetzung für Schutz und Erhaltung der Bodenfunktionen ist die ausreichende Erfassung der vorhandenen Belastungen des Bodens einschließlich der zugehörigen Ökosysteme, die Beobachtung ihrer Veränderungen sowie die Dokumentation der jeweiligen Zustände in bestimmten Zeitabschnitten. Für die im Sinne des Bodenschutzes zu treffenden Entscheidungen müssen gesicherte Daten oder verläßliche Abschätzungen verfügbar sein. Zu diesem Zweck sind notwendig:

— **Einrichtung von Dauerbeobachtungsflächen**

Ein Netz repräsentativer Gebiete zur Erhebung und Auswertung von Umwelteinwirkungen und ökologischen Daten ist erforderlich, das folgenden Aufgaben dient:

- Schließung der Lücken in flächendeckenden Aussagen über den Zustand des Bodens in der Bundesrepublik Deutschland,
- Standorte für den zweckmäßigen Ausbau des Reinluftmeßnetzes,
- Probenahmestellen für die Umweltprobenbank,
- Untersuchungen des Stoffeintrags im Rahmen der ökologischen Grundlagenforschung, besonders im Hinblick auf chemisch-physikalische und biologische Langzeiteffekte und synergistische Wirkungen.

Die Möglichkeiten der Sicherung solcher Gebiete sind zusammen mit den Ländern zu klären.

— **Umweltprobenbank**

Wesentlicher Bestandteil einer für das Bundesgebiet repräsentativen Umweltbeobachtung wird der Betrieb einer Umweltprobenbank sein. Ihre Aufgaben sind

- Sammlung der wichtigsten repräsentativen Proben,
- umfassende Analyse dieser Proben,
- Lagerung für vergleichende Untersuchungen und solche, deren Fragestellung gegenwärtig noch nicht vorhersehbar ist.

— **Nutzung vorhandener Daten**

Laufend fortgeführte Sammlungen, z. B. Daten zur Umwelt, Flächennutzungs-, Regional- und Agrarstatistik, Waldschadenserhebungen usw. sollen im Hinblick auf Informationen über den Zustand des Bodens ausgewertet werden.

— **Dokumentation**

Die Möglichkeiten der Zusammenführung einzelner Datenbereiche zu einem Gesamtbild und die Art der Berichterstattung sind im Zuge der Erarbeitung des Bodenschutzprogramms zu ermitteln.

3.3 Methoden- und Modellentwicklung

Die Aufgaben des Bodenschutzes erfordern den Übergang von der Betrachtung einzelner Funktionen zu einer integrierenden Betrachtungsweise. Neben den notwendigen methodischen Verbesserungen in einzelnen Forschungsbereichen müssen Methoden und Modelle entwickelt werden, die der Komplexität der Materie gerecht werden. Sie müssen Bewertungen der auftretenden Konflikte zwischen Sicherung der Bodenfunktionen, Nutzungsansprüchen und belastenden Einwirkungen ermöglichen. Dies ist z. B. ein zentraler Punkt für die im Rahmen von Planungs- und Genehmigungsverfahren vorzunehmenden Abwägungen.

Sie müssen insbesondere auch geeignet sein, die wechselseitigen Abhängigkeiten verschiedener Eingriffsfaktoren und ihre Folgewirkungen abzubilden und damit zur Definition von Belastungsgrenzen des Bodens führen. Diese Aufgaben sind in die Grundlagenforschung und in die angewandte Forschung einzuordnen.

— **Grundlagenforschung**

  Im Vordergrund der Methoden- und Modellentwicklung stehen u. a. Fragen

  — der Abschätzung bodenverändernder Auswirkungen der technischen und zivilisatorischen Entwicklung,

  — der ökosystemaren Funktion repräsentativer Böden der Bundesrepublik,

  — der Indikatoreneignung,

  — der Maßstäbe für ökologische Bewertungen und für die Beurteilung von Gefährdungen,

  — der Verfahren zur Beschleunigung der Sukzessionsentwicklung,

  — der Stoffbilanzierung,

  — der Verbesserung der analytischen Methodik im Zusammenhang mit Leitsubstanzen,

- der physikalischen Veränderung von Bodenstrukturen,
- der Schnittstellen von Modellen der Bodenökosysteme mit anderen, z. B. Klimamodellen, Ausbreitungsmodellen für Luftschadstoffe,
- der Simulationsmöglichkeit von Langzeitwirkungen.

— **Angewandte Forschung**

Ergebnisse der Grundlagenforschung können nicht immer unmittelbar in die Praxis umgesetzt werden. Häufig bedarf es eines Zwischenschritts, in dem Fragen

- der Anwendungsfähigkeit und Übertragbarkeit von Methoden und Modellen,
- der Integration von Bewertungen und Verfahren

untersucht werden.

In besonderen Fällen werden auch experimentelle Nachweise von Hypothesen am konkreten Gegenstand im Sinne von Vorher-Nachher-Feststellungen benötigt.

Diese Aufgaben werden von den beteiligten Bundesressorts auch im Hinblick auf die Entwicklung ökologisch ausgerichteter Planungsinstrumente und -strategien durchgeführt.

— **Programm ökologischer Demonstrationsvorhaben**

In enger Kooperation mit den Ländern wird anhand praxisnaher Fragestellungen durch Demonstrationsvorhaben die Gestaltung von umweltverträglichen Fachplanungen weiterentwickelt. Vorgesehen ist unter anderem die inhaltliche Ausgestaltung der Grundsätze zur Umweltverträglichkeitsprüfung von 1975 (UVP) entsprechend der beabsichtigten EG-Richtlinie über die „Umweltverträglichkeitsprüfung bei bestimmten öffentlichen und privaten Vorhaben".

Mit diesem Programm werden

- Entscheidungshilfen für die Lösung von Umweltproblemen bei Fachplanungen und räumlichen Entwick-

lungsplanungen bis zur kommunalen Ebene erarbeitet,
— Verfahren zur systematischen Ermittlung und Bewertung der Umweltauswirkungen bei überregional bedeutsamen Vorhaben erprobt,
— die ökologischen Informationsgrundlagen weiterentwickelt,
— ökologisch ausgerichtete Planungs- und Sanierungsinstrumente modellhaft angewendet.

Aus diesen Arbeiten sollen im Rahmen des Bodenschutzes Maßstäbe für die Bewertung der ökologischen und ökonomischen Auswirkungen von Entscheidungen über politisch bedeutsame Großvorhaben entwickelt werden. Dies soll Möglichkeiten eröffnen, bereits im Vorfeld von überregional bedeutsamen Maßnahmen oder solchen mit weitreichenden oder tiefgreifenden Auswirkungen disziplinübergreifend die Wechselwirkungen der zu erwartenden Umweltfolgen mit den wirtschaftlichen Einflußgrößen, und zwar sowohl in positiver als auch in negativer Hinsicht festzustellen. Zugleich sollen dabei Alternativen und weitergehende strukturelle Auswirkungen mit einbezogen sowie die Umweltbelange untereinander und mit anderen Belangen dargestellt werden. Die Arbeiten sollen zunächst für raumbedeutsame Vorhaben weitergeführt werden, zumal hier bereits wesentliche Vorarbeiten, z. B. für den Bereich schwermetallemittierender Anlagen geleistet sind. In diesem Zusammenhang soll untersucht werden, ob bei raumbedeutsamen Vorhaben die grundlegenden ökologischen und ökonomischen Fragen bereits im Vorfeld der anstehenden Verfahren auf den vorgeschalteten Planungsebenen so früh wie möglich geklärt werden sollen und wie durch eine frühzeitige und durchgängige Öffentlichkeitsbeteiligung die Meinungsbildung und schließlich die Konsensfindung aller Beteiligten erleichtert werden kann.

IV. Bodenschutzaspekte im geltenden Recht

1. Überblick

Das geltende Recht erhält eine Vielzahl bodenrelevanter Regelungen. Diese finden sich im gesamten Spektrum „vorschriftenerzeugender Systeme" vom Verfassungsrecht über das Verwaltungsrecht, das Privatrecht, Steuerrecht und Strafrecht bis hin zu Richtlinien, Vereinbarungen oder Empfehlungen. Entsprechend sind sowohl die Rechtsqualität als auch der Regelungsinhalt und -umfang im Hinblick auf die bodenschützende Wirkung der Regelungen sehr unterschiedlich.

Die meisten Vorschriften mit bodenrelevantem Inhalt enthält das Besondere Verwaltungsrecht des Bundes, das allerdings in vielen Fällen erst durch landesrechtliche Regelungen konkret ausgestaltet wird. So werden die Ziele und Grundsätze des Bundesnaturschutzgesetzes, die unmittelbar gelten und in denen der Boden als zu schützendes Gut ausdrücklich angesprochen ist, z. B. im Rahmen der Eingriffsregelung, durch Landesrecht konkretisiert. Ähnliches gilt u. a. auch für das Wasserrecht.

Die Analyse der geltenden bodenrelevanten Vorschriften ist auf bundesrechtliche Regelungen des Besonderen Verwaltungsrechts und des Strafrechts beschränkt. Sie basiert auf einer Zusammenstellung (vgl. Materialien, Teil I), die nur die wesentlichen Rechtsnormen umfaßt und nicht den Anspruch auf Vollständigkeit erhebt.

Diese Zusammenstellung ist gegliedert nach Vorschriften, bei denen der Schutz des Bodens vom Schutzzweck der Norm mitumfaßt wird, die somit unmittelbar bodenschützende Wirkung entfalten, und in solche, die andere Rechtsgüter schützen, die aber — mittelbar — auch bodenschützend wirken. Hinzu kommen die sog. Planungsnormen, soweit sie für Bodenschutzaspekte relevant sind. Diese Normen werden im wesentlichen durch Verwaltungsvorschriften konkretisiert. Zur Konkretisierung trägt auch die Rechtssprechung im Wege der Rechtsauslegung bei. Darüber hinaus sind (in den Materialien nicht berücksichtigte) Regelungen mit lediglich faktischem Bezug zum Bodenschutz zu erwähnen, wie z. B. das Futtermittelgesetz, das Lebensmittel- und Bedarfsgegenständegesetz oder das Bundesseuchengesetz.

Die Feststellung von Vollzugsdefiziten auf der Grundlage der bestehenden Rechtsnormen kann durch den Bund nur in begrenztem Umfang erfolgen, weil die Durchführung der vorhandenen Regelungen nahezu ausschließlich den Ländern obliegt. Die Erfahrungen der Länder im Vollzugsbereich werden in erster Linie von der Bund/Länder-Arbeitsgruppe „Bodenschutzprogramm" der Umweltministerkonferenz berücksichtigt.

2. Bewertung

Wie aus der Bestandsaufnahme hervorgeht, weisen die dort aufgeführten Vorschriften eine unterschiedliche Konkretisierung und Wirksamkeit hinsichtlich des Bodenschutzes auf: teilweise ist der Boden ausdrücklich geschützes Rechtsgut (z. B. § 2 Abs. 1 Nr. 4 Bundesnaturschutzgesetz, Klärschlammverordnung), in einigen Vorschriften ist er beispielhaft als im Rahmen der „überwiegenden öffentlichen Interessen" (Atomgesetz) oder des „Wohls der Allgemeinheit" (z. B. Abfallbeseitigungsgesetz) zu berücksichtigender Belange genannt. Andere schützen ihn notwendig oder bewußt mit, ohne ihn ausdrücklich zum geschützten Rechtsgut zu erklären (z. B. Flurbereinigungsgesetz, Entwurf eines Gesetzes zum Schutz der Kulturpflanzen — Pflanzenschutzgesetz); schließlich wird er durch manche Normen nur peripher faktisch geschützt.

Die Bewertung eines Gesetzes als unmittelbar oder mittelbar bodenschützend sagt nichts aus über den Umfang des Schutzes. Auch bei den unmittelbar schützenden Rechtsvorschriften ist die Wirksamkeit für den Bodenschutz durch den jeweils sachlich begrenzten Regelungsinhalt bestimmt. So kann z. B. das Atomgesetz bodenschützende Wirkung nur insoweit entfalten, als es um die Genehmigung von kerntechnischen Anlagen oder um die Genehmigung zur Verwendung von Kernbrennstoffen außerhalb einer Anlage geht.

Die einzelnen Vorschriften schützen den Boden unter jeweils spezifischen Aspekten.

Sowohl die unterschiedliche Konkretisierung als auch die partielle und somit begrenzte Schutzwirkung bodenrelevanter Vorschriften lassen es erforderlich erscheinen, die einzelnen Regelungen aufeinander abzustimmen, damit sie sich zu einem umfassenden Schutz ergänzen.

Der Bodenschutz ist in der Regel nur einer von vielen zu berücksichtigenden und sich möglicherweise widersprechenden Belangen, ohne daß der Gesetzgeber eine Entscheidung über ihre Gewichtung getroffen hätte. Sie wird erst im Einzelfall bei der Anwendung des Gesetzes getroffen.

Bei den mittelbar bodenschützenden Rechtsvorschriften, die die Mehrzahl bodenrelevanter Regelungen darstellen, stehen andere Rechtsgüter im Vordergrund, an deren Schutzbedürftigkeit sich der Regelungsinhalt orientiert. Es ist erforderlich, daß in Zukunft der Boden einen Stellenwert erlangt, der seine Belastungsfähigkeit unter Berücksichtigung aller bedeutsamen Belastungsquellen und -wege als unverzichtbares Regelungselement festlegt. Dies kann z. B. dadurch erfolgen, daß Prüfungspflichten im Hinblick auf andere Disziplinen und damit auf bodenspezifische Kriterien ausgedehnt werden.

Hinzu kommt, daß bodenschützende und bodennutzende Interessen häufig zusammenfallen. Dies bedeutet nicht notwendigerweise eine Gewähr für einen am Gesamtinteresse orientierten Bodenschutz. Eine Weiterentwicklung der Umweltverträglichkeitsprüfung kann hier zu ausgewogeneren Entscheidungen beitragen.

3. Handlungsansätze

Die aufgezeigten Defizite bodenschützender Vorschriften könnten es angesichts der Vielfalt der Funktionen des Bodens und der unterschiedlichen Ansprüche, die an ihn gestellt werden, erforderlich machen, die geltenden Rechtsvorschriften zu einem umfassenden Schutz bodenspezifischer zu gestalten.

Dabei ist sowohl eine konkretere, auch auf den Schutz des Bodens gerichtete Ausgestaltung von Rechtsvorschriften zu erwägen wie auch ein verstärktes Ausschöpfen vorhandener Vorschriften. In einem Bodenschutzprogramm sind darüber hinaus Qualitätsziele anzustreben, die sich an der Empfindlichkeit von Böden gegenüber Belastungen ausrichten und vorsorgende Aspekte berücksichtigen.

Zu den Funktionen des Bodens und den an ihn gestellten Ansprüchen hat die Rechtsordnung die Rahmenbedingungen für eine angemessene Lösung möglicher Zielkonflikte vorzugeben. Dabei wird sich die zu wählende Schutzmaßnahme am Grad der absehbaren Gefährdung auszurichten haben. Der Bodenschutz muß dabei den Vorrang haben, wenn die Gesundheit der Bevölkerung oder die Sicherung der natürlichen Lebensgrundlagen gefährdet ist.

C. Besonderer Teil

I. Stoffliche Einwirkungen auf den Boden

Stoffliche Einwirkungen auf den Boden, deren Folgen sowohl qualitativ (z. B. durch Toxizität oder Persistenz) als auch quantitativ (z. B. durch Versauerung oder Auswaschung) problematisch sein können, stammen aus industriellen und gewerblichen Anlagen, aus der Landwirtschaft, aus privaten Haushalten und aus dem Straßenverkehr. Diese Stoffe gelangen entweder unmittelbar oder über Luft und Wasser in den Boden.

Mit schädlichen Anreicherungen in Boden und Grundwasser ist zu rechnen, wenn der Eintrag von Stoffen und deren sekundäre Umwandlungsprodukte die Abbaufähigkeit des Bodens überfordern oder den Stoffaustrag überschreiten.

Neben den vom Menschen ausgehenden stofflichen Einwirkungen finden sich im Boden natürliche Stoffanreicherungen infolge der Schwermetallgehalte bestimmter Minerale und Gesteine, die lokal erhebliche geologische Vorbelastungen des Bodens, z. B. durch Blei oder Nickel mit sich bringen.

1. Stoffeinträge

Nach den derzeitigen Kenntnissen sind vor allem folgende Stoffe und Stoffgruppen in ihrem Verhalten und in ihrer Konzentration im Boden vordringlich zu überprüfen und zu beobachten:

— **Anorganische Stoffe**

  Blei (Pb)
  Cadmium (Cd)
  Kupfer (Cu)
  Nickel (Ni)
  Quecksilber (Hg)

Thallium (Tl)
Zink (Zn)

Arsen (As)

Schwefelsäure/Sulfat
Salpetersäure/Nitrat
Flußsäure/Fluoride
Streusalz/Chlorid

Radioaktive Stoffe

— **Organische Stoffe**

Polychlorierte Biphenyle (PCB)
Hexachlorbenzol (HCB)
Pentachlorphenol (PCP)
Hexachlorcyclohexan-Isomere (HCH)
Dimethyl-Bipyridium-Dimethylsulfat
Ethylen-Bipyridium-Dimethylsulfat
Polychlorierte Dibenzodioxine (PCDD) einschl. Tetrachlordibenzodioxin (TCDD)
Polycyclische aromatische Kohlenwasserstoffe (PAH)
Trichlorethen (Tri)
Perchlorethen (Per).

**Belastungssituation
in der Bundesrepublik Deutschland**

Im gesamten Bundesgebiet bestehen stoffliche Grundbelastungen, die sich durch Messung in ländlichen Gebieten außerhalb des direkten Einflußbereiches von Städten und Emittenten feststellen lassen. Ursachen hierfür sind neben den natürlichen Bodenverhältnissen die lokalen Quellen und vor allem die überregionale und weiträumige Verteilung von emittierten bzw. hieraus gebildeten Schadstoffen (z. B. Ozon, Säuren). Erhöhte Belastungen ergeben sich grundsätzlich in besiedelten Gebieten; besonders hoch sind diese in industrialisierten Ballungsgebieten.

Die insgesamt höchsten Werte werden in solchen Gebieten angetroffen, in denen emittierende Industrie oder Bergbau über lange Zeiträume zur Kontamination der Umgebung beigetragen haben.

Für fast alle Komponenten überwiegt in ländlichen Gebieten der Eintrag mit dem Niederschlag, in städtischen Gebieten dagegen die trockene Deposition (Stäube).

Einen ersten Anhalt über die großflächige Belastung des Bundesgebietes mit Niederschlägen bestimmter Stoffe geben die in Tabelle 1 aufgeführten Depositionswerte. Für eine Hochrechnung dieser Werte auf die Fläche der Bundesrepublik Deutschland sind diese Werte jedoch nicht geeignet. Vor allem fehlen noch zuverlässige Daten über die Deposition in der Umgebung industrieller Emittenten sowie zur trockenen Abscheidung von Schadstoffen. Die aufgeführten Werte basieren zum Teil nur auf wenigen Meßstellen, so daß die räumliche Repräsentanz nicht gesichert ist.

Die Sulfatdeposition ist überwiegend auf das bei der Verbrennung fossiler Brennstoffe emittierte SO_2 zurückzuführen. Das aus dem Ausland kommende SO_2 verursacht etwa die Hälfte der Gesamtbelastung. Hauptemittenten für SO_2 sind Kraftwerke, Fernheizwerke und Industriefeuerungen.

Stickoxid- und Blei-Depositionen werden zu einem bedeutenden Teil durch den Straßenverkehr verursacht. Die übrigen in der Übersicht aufgeführten Metalle entstammen vor allem metallurgischen Prozessen, während die organischen Schadstoffe aus den verschiedensten Wirtschafts- und Anwendungsbereichen in die Umwelt gelangen.

Der Straßenverkehr hat Anreicherungen von Blei in Böden entlang der Verkehrswege verursacht. Durch das Benzin-Blei-Gesetz ist die zusätzliche Belastung laufend zurückgegangen. Auf straßennahen Flächen kann in Ballungsgebieten eine gesundheitlich bedenkliche Kontamination von Lebens- und Futtermitteln noch nicht ausgeschlossen werden.

Sulfat und Nitrat (bzw. Schwefel- und Salpetersäure) entstehen als sekundäre Luftverunreinigung erst in der Atmosphäre, und zwar im Verlauf von Stunden bis Tagen. Die Vertei-

Tabelle 1

Orientierungswerte über Depositionen in unterschiedlichen Regionen
(Gramm bzw. Milligramm je Quadratmeter und Jahr)

	mg/m²·a Sulfat SO_4^{2-}-S	Nitrat NO_3^--N	Chlorid Cl^-	Ammonium NH_4^+-N
Ländliche Regionen				
Gesamtdeposition	1,5 ... 2,6	0,5 ... 1,1	0,7 ... 1,5	0,7 ... 1,5
Nasse Deposition	0,9 ... 2,6	0,5 ... 0,7	0,7 ... 1,5	
Ballungsgebiete	2,9 ... 5,5	0,4 ... 1,5	1,1 ... 3,7	
Wälder	3,6 ... 12,8	1,5	3,7	1,1 ... 1,8

	mg/m²·a Blei Pb	Cadmium Cd	Nickel Ni	Zink Zn	PAH Benzo-a-pyren
Ländliche Regionen					
Gesamtdeposition	11 ... 29	0,3 ... 1,6	2 ... 11	18 ... 180	ca. 0,02
Nasse Deposition	7,3 ... 26	0,2 ... 1,4			
Ballungsgebiete	36,5 ... 110	0,4 ... 3,7	3,7 ... 29	36,5 ... 110	0,06
Spitzenwerte	1 460	110	438	32 850	
Wälder	40 ... 58	2 ... 3			

Quelle: Umweltbundesamt, 1983 (Auswertung verschiedener Untersuchungen)

lung von Sulfat- und Nitratablagerungen kann kleinräumig in Abhängigkeit von Bodenbewuchs und Gelände erhebliche Unterschiede aufweisen. So haben Waldbestände eine größere Vegetationsoberfläche als offenes Gelände, wirken deshalb in viel höherem Maße als Luftfilter und werden deshalb auch weitaus stärker belastet als etwa landwirtschaftliche Flächen.

1.1 Persistente Schadstoffe

a) Sachstand

Die Gruppe der persistenten, d. h. im Boden nicht oder nur in langen Zeiträumen abbaubaren problematischen Stoffe bildet ein wachsendes Gefahrenpotential, weil diese Schadstoffe sich mit fortschreitendem Eintrag kontinuierlich im Boden anreichern. Diese Anreicherung kann zu latenten, bei Überschreiten bestimmter Belastungsgrenzen deutlichen Beeinträchtigungen von Bodenflora und Bodenfauna bis hin zu akuten Gefährdungen auch des Menschen durch Eingang in die Nahrungskette und das Grundwasser führen.

Zu diesen problematischen Stoffen gehören u. a. Cadmium, Blei, Quecksilber, Thallium, Kupfer, Nickel und Arsen sowie polychlorierte Biphenyle (PCB), Hexachlorbenzol (HCB), Pentachlorphenol (PCP), Hexachlorcyclohexan — Isomere (HCH), Dimethyl — Bipyridium — Dimethylsulfat (Paraquat), Ethylen — Bipyridium — Dimethylsulfat, Polychlorierte Dibenzodioxine (PCDD) einschl. Tetrachlordibenzodioxin (TCDD) und Polychlorierte Dibenzofurane. Die sehr unterschiedlichen quantitativen und qualitativen Auswirkungen dieser Stoffe auf Boden und Nahrungskette sind in einer von Sachverständigen erstellten Problemübersicht — vgl. Materialien, Teil II — dargestellt.

Persistente Stoffe gelangen aus folgenden Quellen in den Boden:

— **Emissionen aus Feuerungsanlagen und industriellen Anlagen**

   Kohle- und in geringem Umfang Ölkraftwerke sowie Müllverbrennungsanlagen tragen vor allem zur großflächigen Grundbelastung durch Schwermetalle bei; sie werden mit dem Feinstaub emittiert und mit dem Niederschlag oder als Staub am Boden abgeschieden. Bei Kohle und Öl als Hausbrand ist der jeweilige Nahbereich besonders betroffen.

Industrielle Schwermetallemittenten sind überwiegend im Nahbereich vor allem Erzaufbereitungs-, Verhüttungs- und Wiederverarbeitungsanlagen für Nichteisenmetalle. Auch durch organische persistente Stoffe können in der Umgebung von industriellen Anlagen erhöhte Bodenkontaminationen auftreten.

— Straßenverkehr

Der Kraftfahrzeugverkehr ist noch immer der bei weitem größte Bleiemittent; rd. zwei Drittel der Bleiemissionen geht auf ihn zurück. In Böden bis zwischen 30 und 100 m Entfernung vom Fahrbahnrand treten deutlich erhöhte Blei-Gehalte auf. Selbst in verkehrsfernen Reinluftgebieten wird der Bleigehalt im Staubniederschlag meßbar durch den Bleigehalt im Benzin beeinflußt.

— Dünge- und Pflanzenschutzmittel
(vgl. Abschnitt C.I.2)

Sowohl Mineraldünger als auch Wirtschaftsdünger enthalten z. T. Schwermetalle (z. B. Cadmium in Phosphaten, Kupfer in Schweinegülle).

Die Verwendung persistenter Stoffe in Pflanzenschutzmitteln ist stark zurückgegangen. Jedoch ist mit dem Auftreten von Umwandlungsprodukten (Metabolite, z. B. Chloraniline) zu rechnen, die nur sehr langsam oder gar nicht abgebaut werden.

— Klärschlämme

Die Belastung landwirtschaftlich und gärtnerisch genutzter Böden durch Klärschlamm wird bundesweit im Rahmen der Klärschlamm-Verordnung zu § 15 Abfallbeseitigungsgesetz seit dem 1. April 1983 untersucht. Für die Abschätzung von Belastungen in Problemgebieten wurden die Bodenwerte für 7 Schwermetalle nach der Klärschlamm-Verordnung mit vorliegenden Bodenuntersuchungen verglichen. Danach sind Grenzwertüberschreitungen bei etwa 0,2 v. H. der landwirtschaftlich genutzten Fläche zu erwarten.

Die Durchführung der Klärschlamm-Verordnung stellt sicher, daß in Böden mit Klärschlammaufbringung die festgelegten Schwermetallgrenzwerte in absehbarer Zeit nicht überschritten werden. Allerdings können andere, durch die Verordnung nicht erfaßte Schadstoffe wie z. B. PCB und PAH sich in Klärschlämmen anreichern.

Die bisher erkannte Entwicklung aufgrund neuerer Klärschlammanalysen läßt darauf schließen, daß die Schwermetallgehalte und weiteren Schadstoffe durch Maßnahmen bei den Abwassereinleitern (z. B. Kreislaufführung und wassersparende Technologien) und durch Abwasserbehandlung vor der Einleitung in die Kanalisation soweit gesenkt werden, daß eine akute Gefährdung durch Anreicherung im Boden als Folge der Verwendung der Klärschlämme im Landbau derzeit nicht zu erwarten ist. Diese Maßnahmen werden mittelbar auch eine erhebliche Senkung der Schadstoffe in den Sedimenten von Flüssen und Seen bewirken.

— **Flüsse, Sedimente**

Bei Überschwemmungen werden erhebliche Mengen der von den Flüssen mitgeführten Stoffe, darunter auch Schwermetalle und andere persistente Stoffe, in die überfluteten Flächen eingetragen und können bei landwirtschaftlich genutzten Böden zu Problemen führen. Ähnliches gilt für die Aufbringung von Baggergut aus belasteten Gewässern.

Der Eingang von Schwermetallen in die Nahrungskette ist abhängig von der Art des Elements, der Bindungsform, den Standortverhältnissen und von der Pflanzenart. Für die Wirkung der Schwermetalle in Ökosystemen sind die Aufnahme durch Pflanzen wie auch Schädigungen von Zersetzern der Vegetationsrückstände bestimmend. In Nutzpflanzen können sich vor allem Cadmium, Thallium,

Zink und Kupfer anreichern und von daher in die Nahrungskette gelangen. Schädigungen von Weidetieren durch bleihaltiges Futter sind meist als Folge von staubförmigen Ablagerungen an den Futterpflanzen entstanden.

Durch bestimmte Schwermetalle (z. B. Cadmium, Blei, Quecksilber, Kupfer) können Bodenorganismen geschädigt werden. Mineralisationsvorgänge und die Umwandlung organischer Substanzen im Boden werden dadurch gehemmt, der biologische Stoffkreislauf wird beeinträchtigt.

Gefährdungen des Bodens durch Altlasten (Altablagerungen und kontaminierte Böden) werden in einem besonderen Abschnitt unter C.I.3.1 behandelt.

b) Ziele

Die Bundesregierung strebt eine kontinuierliche Minderung des Eintrags bis auf Werte an, bei denen sich ein Gleichgewicht zwischen Eintrag und Austrag auf möglichst niedrigem Niveau einstellt, um so Anreicherungen im Boden weit unter der Gefahrenschwelle zu halten. Dazu sind Grenzwerte für Schadstoffe in allen Bereichen aufeinander abzustimmen.

Der Schutz des Bodens muß deshalb als Regelungsmaßstab für die Grenzwertfestlegung von persistenten Schadstoffen aus allen Verursacherbereichen gelten.

Im Hinblick auf die Verantwortung und Vorsorge auch gegenüber künftigen Generationen bilden die Gesamteinträge von persistenten Schadstoffen in den Boden erhebliche Risiken. Auch wo fortdauernde Einträge solcher Stoffe etwa infolge großflächiger Verteilung noch nicht zu merklichen Erhöhungen der unmittelbaren Belastung führen, können sich durch lokale oder regionale Anreicherungsvorgänge Gefahrenpotentiale neu bilden. Auf längere Sicht ist damit zu rechnen, daß unter Berücksichtigung der bereits jetzt vorhandenen Vorbelastungen eine weitere Verbreitung dieser Stoffe in der Umwelt grundsätzlich vermieden werden muß. Deshalb sind insbesondere Vermeidungs- oder Verwertungsgebote vorzusehen, für die ausreichende Anpassungsfristen eingeplant werden müssen.

c) Lösungsansätze

Bundes-Immissionsschutzgesetz (BImSchG)

Es ist zu prüfen, ob die Zweckbestimmung des Bundes-Immissionsschutzgesetzes zum Schutz der natürlichen Lebensgrundlagen um Aspekte des Bodenschutzes ergänzt werden sollte (§§ 1, 3 Abs. 2 BImSchG).

Altanlagen

Nachträgliche Anordnung (§ 17 BImSchG)

Emissionsminderungen bei Altanlagen als Hauptverursacher können durch nachträgliche Anordnungen nach § 17 Bundes-Immissionsschutzgesetz durchgesetzt werden. In der Praxis wurden derartige zusätzliche Umweltschutzauflagen in der Betriebsphase bislang häufig durch die Bestimmung des § 17 Abs. 2 BImSchG erschwert, der die wirtschaftliche Vertretbarkeit zur Voraussetzung von nachträglichen Anordnungen macht. Deshalb sieht ein in der parlamentarischen Beratung befindlicher Gesetzentwurf des Bundesrates zur Änderung des Bundes-Immissionsschutzgesetzes vor, § 17 Abs. 2 BImSchG dahin gehend zu ändern, daß der Grundsatz der Verhältnismäßigkeit ausdrücklich normiert wird.

Eine weitere Möglichkeit, die Sanierung von Altanlagen zu forcieren, läge in einer Verschärfung der Bestimmungen in Nr. 2.2.4.2 der TA Luft, in der Emissionskriterien genannt werden, die nachträgliche Anordnungen auslösen sollen. Auch auf der Immissionsseite ist zu prüfen, ob die in Nr. 2.2.4.1 der TA Luft genannten Möglichkeiten für nachträgliche Anordnungen präzisiert werden können mit dem Ziel, Immissionskriterien für Schwermetalle und andere persistente Stoffe zu nennen, die den Schutz der menschlichen

Gesundheit und besonders empfindlicher Tier- und Pflanzenarten sicherstellen. Eine erhebliche Verschärfung der Anforderungen für nachträgliche Anordnungen wird sich bereits durch die Novellierung der anlagenbezogenen Grenzwerte (Teil 3 TA Luft) ergeben.

Im Rahmen des Altanlagen-Sanierungsprogramms des Bundesministers des Innern wird modellhaft gezeigt, daß auch in besonders hochbelasteten Gebieten durch Maßnahmen an der Quelle eine erhebliche Entlastung der Immissionssituation zu erreichen ist.

Neuanlagen

TA Luft

Die TA Luft sieht in ihrer derzeitigen Fassung sowohl bei den Emissionen als auch bei den Immissionen eine Begrenzung der Schadstoffkonzentrationen vor. Dies ist unter dem Gesichtspunkt des Nachbarschaftsschutzes angemessen und sollte auch nicht grundsätzlich geändert werden.

Im Hinblick auf die kumulativen Umweltauswirkungen kommt bei großräumigen Belastungen mit persistenten Stoffen und auch bei sauren Depositionen den emittierten Stoffmengen besonderes Gewicht zu. Die Festlegung von Emissionsfaktoren und die Begrenzung der Schadstoff-Frachten bei der Emissionsregelung müssen deshalb jeweils besonders hohen technischen Ansprüchen genügen.

Bei immissionsschutzrechtlichen Genehmigungsverfahren für solche Anlagen, die Schwermetalle oder persistente Stoffe emittieren, müssen die Bodenbelastungen mitberücksichtigt werden; hierfür gibt die TA Luft Nr. 2.2.1.3 (Sonderfallprüfung) einen Ansatzpunkt. Dabei ist die Vorbelastung der Böden zu erfassen (z. B. im gleichen Gitternetz wie die Luftbelastung) und eine Prognose der zu erwartenden zusätzlichen Bodenbelastung nach längerer Betriebszeit vorzusehen. Bei der Bewertung sind Einträge aus anderen Quellen, die Empfindlichkeit der Böden und die Nutzungen mitzuberücksichtigen. Es ist zu prüfen, ob Immissionswerte für weitere Schwermetalle, insbesondere Kupfer, und andere persistente Stoffe festgelegt werden sollten.

Angesichts der Vielfalt der Böden und der Einflußfaktoren kann ein einheitliches Einzel-Kriterium z. B. in Form eines Grenzwertes zur Beurteilung des Einzelfalles häufig nicht ausreichen; es ist die Anfertigung von Sondergutachten erforderlich. In der TA Luft müssen sobald wie möglich die Voraussetzungen dafür geschaffen werden, daß Vorgehensweise, Elemente und Kriterien für solche Gutachten festgelegt werden (Weiterentwicklung von Nr. 2.2.1.3).

Abgaben

Als weitere Möglichkeit zur Senkung von Emissionen sowohl von Alt- als auch von Neuanlagen wird die Erhebung von Emissionsabgaben geprüft. Eine Emissionsabgabe als ökonomisches Steuerungsinstrument muß auch im Zusammenhang mit der derzeitigen Prüfung anderer ökonomischer Instrumente, der Rechtsprechung des Bundesverfassungsgerichts zur Abgabenproblematik und dem Bund-Länder-Verhältnis in finanzverfassungsrechtlichen Fragen bewertet werden.

Kraftfahrzeuge

Nach dem Beschluß der Bundesregierung vom 19. September 1984 soll das System der steuerlichen Anreize über die Kraftfahrzeug- und Mineralölsteuer für alle Pkw zum 1. Januar 1989, für Pkw über 2 l Hubraum ab 1. Januar 1988 abgelöst werden durch eine obligatorische Regelung, die die Einhaltung der US-Schadstoffgrenzwerte verbindlich vorschreibt. Im Rahmen der Europäischen Gemeinschaft werden die Voraussetzungen hierfür zu schaffen sein. Zur Sicherstellung des Angebots an umweltfreundlichen Autos und bleifreien Benzins in der Übergangszeit erwartet die Bundesregierung entsprechende Beiträge der Automobilindustrie und der Mineralölwirtschaft. Durch eine flankierende Öffentlichkeitsarbeit ist darauf hinzuwirken, daß auch die Besitzer von Altfahrzeugen nach Maßgabe der verfügbaren Mengen und der Empfehlungen der Hersteller bleifreie Kraftstoffe tanken.

Neue Emissionsgrenzwerte, sowohl für gas- als auch für partikelförmige Abgasbestandteile, müssen auch für Diesel-Motoren festgelegt und die Rußemission regelmäßig kontrolliert werden.

Gewässerschutz

Die Anforderungen an das Einleiten von Abwasser müssen — auch aufgrund der EG-Gewässerschutzrichtlinie vom 4. Mai 1976 und ihrer Folgerichtlinien — für bestimmte Stoffe, die im Hinblick auf Toxizität, Langlebigkeit oder Bioakkumulation gefährlich sind, anstelle der bis jetzt geltenden „allgemein anerkannten Regeln der Technik" künftig nach dem „Stand der Technik" vor allem durch in die Produktionsverfahren integrierte Vermeidungsmaßnahmen verschärft werden (§ 7a Wasserhaushaltsgesetz). Die Allgemeinen Verwaltungsvorschriften über Mindestanforderungen an das Einleiten von Abwasser sind entsprechend zu ergänzen.

Neben den Anforderungen an die Abwassereinleitung sind die Anforderungen an den Bau und Betrieb von Abwasseranlagen, vor allem Kanalisationen, Regenrückhaltebecken u. ä. zu überprüfen (§ 18b WHG).

Die Bundesregierung wird weiterhin auf EG-Ebene für eine beschleunigte Ausfüllung und Umsetzung der EG-Gewässerschutzrichtlinie eintreten. Beabsichtigt ist, mittels weiterer Folgerichtlinien die Verschmutzung der Gewässer — und damit auch des Bodens — durch besonders gefährliche Stoffe mit den besten verfügbaren Techniken möglichst schon an der Quelle zu vermeiden oder zu beseitigen.

Klärschlämme und Baggergut

Für problematische Schadstoffe sind Anforderungen nach dem Stand der Technik auch an das Einleiten von Abwässern in Abwasseranlagen (Indirekteinleiter) zu stellen; auf diese

Weise könnte die Konzentration von persistenten Stoffen in Klärschlämmen wirksam reduziert werden.

Die Bundesregierung wird spätestens im Jahr 1988 die in der Klärschlamm-Verordnung vom 25. Juni 1982 festgelegten Grenzwerte einschließlich der Aufnahme weiterer Stoffe aufgrund der dann vorliegenden Erfahrungen und neuen Erkenntnisse überprüfen. Daneben ist die Notwendigkeit einer Baggergut-Verordnung zu klären.

Überwachung

Die systematische Überwachung der Auswirkungen der Stoffeinträge und der Folgeprodukte auf den Boden ist wesentlich zu verbessern. Wirkungen im Boden bleiben oft lange Zeit latent, sind also nicht sofort augenfällig und müssen daher durch kontinuierliche Meßreihen festgestellt werden. Eine Zusammenführung der Messungen in Luft, Wasser und Boden sowie die Ankoppelung an vorhandene Meßnetze, z. B. das Meßnetz des Umweltbundesamtes ist erforderlich. Hiermit würde ein erster Schritt in Richtung auf eine umfassende Umweltbeobachtung getan.

Kontaminierte Flächen

Durch planerische Instrumente soll eine angepaßte und angemessene Nutzung kontaminierter Flächen herbeigeführt werden, wobei einerseits der Grad der Kontamination und die Bodeneigenschaften, andererseits Standortfaktoren wie die Infrastruktur zu berücksichtigen sind. Grundsätzlich dürfen Flächen nicht im bisherigen Ausmaß belastet und sollen — soweit möglich — saniert werden.

Es sollte geprüft werden, ob über die bestehenden Regelungen hinaus durch Gebote erreicht werden kann, daß bei landwirtschaftlicher Nutzung in spezifisch belasteten Gebieten nur solche Pflanzenarten angebaut werden, bei denen ein Eingang von problematischen Stoffen in die Nahrungskette nicht zu Gefährdungen führt. Für die Nahrungsmittelerzeugung nicht mehr geeignete Flächen sollten dagegen je nach örtlichen Gegebenheiten, ggf. im Rahmen der Bauleitplanung, umgewidmet werden (z. B. für Aufforstung, Standort für Industrieansiedlung). Die Entschädigungsfrage und die ordnungspolitische Problematik solcher Maßnahmen bedürfen einer eingehenden Prüfung. Eine weitere Möglichkeit hierzu könnte auch § 44 BImSchG bieten, wenn nicht nur die Luftbelastung, sondern auch die Bodenkontamination bei der Festsetzung von Belastungsgebieten herangezogen werden könnte.

Forschung und Entwicklung

Ergänzend zu den querschnittsorientierten Maßnahmen zur Überwachung der Umweltauswirkungen sind gemeinsam mit den Ländern weitere Untersuchungen als Voraussetzung für eine Bestandsaufnahme der Bodenbelastung (Bodenkataster) vorzusehen, wobei sowohl flächendeckende Aspekte als auch besondere Problemgebiete zu berücksichtigen sind. Die Verfügbarkeit und Nutzung dieser Daten für Planungen und Maßnahmen muß sichergestellt werden.

Einen weiteren Untersuchungsbereich stellt das Verhalten der verschiedenen Stoffe im Boden hinsichtlich Abbau, Umwandlung, Pflanzenverfügbarkeit und Eintritt in das Grundwasser dar. In diesem Zusammenhang ist auch die verstärkte Prüfung von Alt-Stoffen nach § 4 Abs. 6 Chemikaliengesetz zu stellen. Hinzu kommt die Erarbeitung von Methoden zur Entfernung und Einbindung von Schadstoffen durch biologische und physikalisch-chemische Verfahren. Durch Entwicklung und Anwendung emissionsarmer Verfahren sind weitere Möglichkeiten für eine Verbesserung der Belastungssituation zu schaffen.

1.2 Saure Niederschläge

a) Sachstand

Saure Depositionen sind im wesentlichen eine Folge der Emissionen von Schwefeldioxid (SO_2) und Stickstoffoxiden (NO_x); diese werden in der Atmosphäre zum Teil zu Schwefel- und Salpetersäure oxidiert und mit dem Niederschlag dem Boden zugeführt. Weiterhin werden sie auch bei Oberflächenkontakt (Gebäude, Boden, Vegetation) abgeschieden und zumindest teilweise als Säure mit dem Regen abgespült.

Die mit Abstand größte Emittentengruppe für SO_2 sind mit fossilen Brennstoffen befeuerte Kraftwerke im In- und Ausland. Bei der NO_x-Emission sind die Anteile aus Kraftwerken und Industriefeuerungen zusammen etwa gleich mit denen aus dem Kfz-Verkehr (vgl. Tabelle 2).

Tabelle 2

Übersicht über die Emissionen von Säurebildnern im Bundesgebiet (1982)

Gesamtemission	SO_2 (t/a) 3 000 000	NO_x (t/a) 3 100 000
Anteile der Emittentengruppen in v. H.		
Kraftwerke/ Fernheizwerke	62,1	27,7
Industrie	25,2	14,0
Haushalte/ Kleinverbraucher	9,3	3,7
Verkehr	3,4	54,6

Quelle: Dritter Immissionsschutzbericht der Bundesregierung (BT-Drucksache 10/1354)

Die Säurezufuhr über längere Zeiträume bewirkt zunächst eine Freisetzung von z. B. Calzium, Magnesium, Kalium und Natrium. Der stetige Verlust basischer Bodenbestandteile und weiterer Säureeintrag bedingt eine Versauerung der Böden.

Wiederholungsuntersuchungen in Bayern und Hamburg zeigen bei der Mehrheit der untersuchten Bodenprofile eine Abnahme der Boden-pH-Werte in einem Zeitraum von etwa 25 Jahren um bis zu einer Einheit, d. h. bis zu einem rd. zehnfach höheren Versauerungsgrad.

Der pH-Wert des Regens liegt im Mittel zwischen etwa 4,0 und 4,5, gegenüber seinem natürlichen Wertebereich für mitteleuropäische Verhältnisse von schätzungsweise (Messungen aus vorindustrieller Zeit liegen nicht vor) 4,6 bis 5,6. Die Versauerung erfolgt jedoch überwiegend aus Folgeprodukten der trockenen Depositionen, Nebelniederschlag eingeschlossen.

Eine weitergehende Folge der Versauerung ist die Mobilisierung und Freisetzung von Metallionen, wobei z. B. Aluminium-Ionen (Al^{3+}) an Wald- und Gewässerschäden beteiligt sind. Auch Schwermetallverbindungen können auf diese Weise gelöst, mobilisiert und damit von den Pflanzen aufgenommen werden.

Schließlich können Säuren in Grundwasser und Quellwässer gelangen und dort eine Versauerung bewirken.

Diese Wirkungen sind in mehrfacher Hinsicht von Bedeutung:

— Die Zufuhr von Stickstoffverbindungen verändert das Nährstoffangebot und bewirkt dadurch eine Verschiebung des Artenspektrums.

— Wichtige Nährstoffe (Calzium, Magnesium, Kalium, Natrium) sind für die Pflanzen nicht mehr ausreichend verfügbar.

— Aluminium-Ionen haben toxische Auswirkungen auf Pflanzen und das Leben in Gewässern. Cadmium-, Mangan- und Eisenionen können — bei höherer Konzentration — auch auf Tiere giftig wirken.

— Die Schädigung von Mikroorganismen hat mittelbar erhebliche Auswirkungen auf die Vegetation und auf die Stoffumsetzung im Boden.

— Die Struktur des Bodens wird bei Auswaschungs- und Verlagerungsprozessen durch Abnahme des Porenvolumens verfestigt.

Indirekte Schädigungen von Pflanzen durch Absenkung des pH-Wertes im Boden betreffen vor allem flachwurzelnde Pflanzen; so kann auch das Keimen von Baumsamen stark behindert werden.

Hinzuweisen ist auf die zerstörerischen Auswirkungen der Bodenversauerung auf archäologische Denkmale.

Kalkstandorte und sorptionsstarke Böden sind aufgrund des höheren Puffervermögens weniger gefährdet. Bei landwirtschaftlich genutzten Flächen wird der Versauerung durch Ausgleichsdüngung entgegengewirkt. Weil derartige Maßnahmen — Kalkung in Verbindung mit Düngung — auch bei forstlich genutzten Flächen möglicherweise Schädigungen vermindern können, werden zur Zeit Großdüngungsversuche — bei strikter Beachtung des Grundwasserschutzes — durchgeführt.

Die quantitativen und qualitativen Auswirkungen der Säurebildner auf den Boden sind in den Materialien, Teil II zusammengefaßt.

Durch die Dreizehnte Verordnung zur Durchführung des Bundes-Immissionsschutzgesetzes (Verordnung über Großfeuerungsanlagen — 13. BImSchV) vom 22. Juni 1983 (BGBl. I S. 719) und durch die Einführung umweltfreundlicher Kraftfahrzeuge ist eine deutliche Verminderung des Eintrags der Säurebildner SO_2 und NO_x zu erwarten. In den nächsten Jahren ist ein Rückgang der vorhandenen Bodenversauerung jedoch nur durch zusätzliche Maßnahmen zu erreichen.

b) Ziele

Zur Senkung des Eintrags von Säuren in den Boden ist eine durchgreifende Reduzierung der entsprechenden Emissionen an der Quelle, d. h. vor allem bei Kraftwerken und anderen industriellen Anlagen, beim Hausbrand sowie bei Kraftfahrzeugen durch kontinuierliche Anpassung an die international beste Technik und Verringerung des Schadstoffgehaltes von Brennstoffen unumgänglich.

Aufgrund der weiträumigen Verteilung dieser Emissionen und aus Wettbewerbsgründen sind von den Nachbarstaaten der Bundesrepublik Deutschland vergleichbare Maßnahmen zu fordern.

c) Lösungsansätze

Bundes-Immissionsschutzgesetz

Für die Reduzierung von Säurebildnern gelten die Überlegungen zur Ausgestaltung des Immissionsschutzrechts in Abschnitt C. I. 1. entsprechend.

Altanlagen

Die mit der Großfeuerungsanlagen-Verordnung festgelegten Anforderungen sollten zum frühestmöglichen Zeitpunkt vollzogen werden. Hierbei ist von allen öffentlichen Beteiligungen ein besonders vorbildliches Verhalten zu erwarten.

Die im Hinblick auf die fortschreitende technische Entwicklung der Stickstoffoxidreduzierung festgelegte Dynamisierungsklausel der Großfeuerungsanlagen-Verordnung wird von den Ländern in eine einheitliche Anwendungspraxis umgesetzt. Dabei wird bei kohlebefeuerten Anlagen von mehr als 300 Megawatt nach dem Stand der Technik ein Emissionswert von 200 mg NO_2/m^3 zugrundegelegt. Hierzu kommen Umrüstungen auf moderne Feuerungstechniken in bestehenden Anlagen, die Anwendung der Katalysator-Technologie, aber auch eigenständige Techniken mit vergleichbarem Wirkungsgrad in Betracht.

Neuanlagen

Der Entwurf der Novelle zum Emissionsteil der Technischen Anleitung zur Reinhaltung der Luft sieht für die Säurebildner

SO_2 und NO_x gegenüber der TA Luft 1974 eine deutliche Reduzierung der Emissionswerte vor. Daneben ist für NO_x eine Dynamisierungsregelung analog der Großfeuerungsanlagen-Verordnung vorgesehen.

Kraftfahrzeuge

Mit der Einführung bleifreien Benzins und den damit verbundenen technischen Maßnahmen werden die Stickstoffoxid-Emissionen aus Neufahrzeugen gegenüber dem Stand von 1969/70 um bis zu 90 v. H. herabgesetzt werden. Vergleichbare Maßnahmen für Dieselmotoren sind zu entwickeln.

Darüber hinaus wird ein Großversuch zur Frage der Emissionsminderung bei Kraftfahrzeugen durch Einführung einer Geschwindigkeitsbegrenzung durchgeführt.

Häusliche Feuerungen

Die Verordnung über Feuerungsanlagen (1. BImSchV) ist dem aktuellen Stand der Hausbrandtechnik anzupassen.

Forschung

Zur Klärung der genauen Ursachen-Wirkungszusammenhänge bei den Waldschäden und der Sanierungsmöglichkeiten ist es erforderlich, Forschungskonzepte weiterzuentwickeln, die die verschiedenen Erklärungsansätze für die Schäden berücksichtigen. Arbeitsgruppen verschiedenster Fachrichtungen sind zur interdisziplinären Zusammenarbeit auf ausgewählten Untersuchungsfeldern zusammenzuführen. Die entsprechenden Arbeiten werden in der IMA „Waldschäden/Luftverunreinigungen" koordiniert.

1.3 Radioaktive Stoffe

a) Sachstand

Böden enthalten seit jeher natürliche radioaktive Stoffe. Ihre Aktivität ist in Abhängigkeit von der Bodenzusammensetzung unterschiedlich hoch. Durch oberirdische Kernwaffenversuche sind bis 1962 erhebliche Mengen an Spaltprodukten in die Atmosphäre gelangt, die größtenteils auf der Erdoberfläche abgelagert werden. Diese Zufuhr ist seit 1964 bis auf geringe Mengen zurückgegangen.

Als Emittenten radioaktiver Stoffe kommen heute vornehmlich kerntechnische Anlagen und die Anwender von Radioisotopen in Medizin, Forschung und Technik in Betracht. Der Betrieb kerntechnischer Anlagen und der Umgang mit radioaktiven Stoffen, einschließlich der Beseitigung radioaktiver Abfälle ist durch das Atomgesetz und die Strahlenschutzverordnung umfassend und restriktiv geregelt.

Bei der Festlegung von Genehmigungswerten für die Emissionen über Abluft und Abwasser wird die Nutzung der Umwelt an den ungünstigsten Einwirkungsstellen unterstellt. Dabei wird auch die Akkumulation radioaktiver Stoffe im Boden berücksichtigt, die über Nahrungsketten und über Strahlung aus dem Boden zu einer Strahlenexposition des Menschen führt.

Bei einem auslegungsüberschreitenden Ereignis in einer kerntechnischen Anlage müßte aufgrund der Freisetzung großer Mengen von radioaktiven Stoffen mit großräumigen, nicht abzuschätzenden Auswirkungen auch auf Boden und Gewässer gerechnet werden. Deshalb sind diese Anlagen in der Bundesrepublik Deutschland den nach dem Stand von Wissenschaft und Technik strengsten Sicherheitsstandards unterworfen.

Radioaktive Abfälle müssen an staatliche Stellen abgeliefert werden. Für sie ist die Endlagerung in Bergwerken vorgesehen, die in dem stillgelegten Salzbergwerk Asse II erprobt wurde. Hierdurch wird der Abschluß von der Ökosphäre sichergestellt. Radioaktive Abfälle sehr niedriger Konzentration können wie normale Abfälle beseitigt werden, wenn von der zuständigen Behörde eine Genehmigung erteilt wurde.

Natürliche radioaktive Stoffe gelangen z. B. durch Verbrennen von Kohle und die Anwendung von Phosphatdüngern in die Umwelt. Deutliche Erhöhungen der Radioaktivität der Umwelt sind durch diese Tätigkeiten in der Regel ebensowenig zu beobachten wie durch den Umgang mit radioaktiven Stoffen.

Die Bundesrepublik Deutschland ist nach Artikel 35 des Euratomvertrages gehalten, die notwendigen Einrichtungen zur ständigen Überwachung des Gehaltes der Luft, des Wassers und des Bodens an Radioaktivität zu schaffen. Artikel 36 schreibt eine regelmäßige Berichterstattung über die Meßergebnisse vor. Hierzu sind amtliche Radioaktivitätsmeßstellen eingerichtet. Die Ergebnisse der einzelnen Meßstellen laufen bei acht Leitstellen zusammen, die im Auftrag des Bundesministers des Innern die Auswertung und Zusammenfassung vornehmen.

Darüber hinaus sind Messungen der Radioaktivität von Boden und Bewuchs aus der näheren Umgebung von Kernkraftwerken und Kernforschungsanlagen für Betreiber und unabhängige Meßstellen in der „Richtlinie zur Emissions- und Immissionsüberwachung kerntechnischer Anlagen" verbindlich vorgeschrieben. Die vorliegenden Werte lassen keine signifikante Erhöhung der Radioaktivität im Vergleich mit entsprechenden reaktorfernen Standorten erkennen.

Die Ergebnisse der Messungen sind in dem jährlichen Bericht „Umweltradioaktivität und Strahlenbelastung" des Bundesministers des Innern zusammengestellt.

b) Handlungsbedarf

Unter Gesichtspunkten des Bodenschutzes besteht derzeit kein Handlungsbedarf.

2. Dünge- und Pflanzenschutzmittel

Ziel jeder landwirtschaftlichen, gartenbaulichen und forstwirtschaftlichen Bewirtschaftung ist eine optimale pflanzliche Erzeugung unter weitgehender Vermeidung unerwünschter

Nebenwirkungen. Hierzu wird in Agrarökosystemen mit einer Reihe von Maßnahmen (Versorgung mit organischer Masse, Nährstoffzufuhr, Pflanzenschutz, Fruchtfolgegestaltung, Be- oder Entwässerung, Bodenbearbeitung) in den Wirkungskomplex Boden-Pflanze-Klima eingegriffen. Dabei können sich neben den angestrebten positiven Wirkungen auch negative Nebenwirkungen einstellen. In Forstökosystemen sind die Nährstoffverluste geringer. Deshalb sind Nährstoffgaben nur unter bestimmten Voraussetzungen erforderlich (Ausgleich von Bodenversauerung, Förderung der Naturverjüngung, Starthilfe in der Kulturphase von Forstpflanzen).

Stoffliche Einwirkungen auf den Boden bei der landwirtschaftlichen Nutzung resultieren überwiegend aus der Düngung und der Anwendung von Pflanzenschutzmitteln.

2.1 Handels- und Wirtschaftsdünger

a) Sachstand

Mit mineralischen wie auch organischen Düngemitteln wird durch Zufuhr von Nährstoffen das Pflanzenwachstum verbessert. Diese Eingriffe in die Stoffkreisläufe sind bei Agrarökosystemen erforderlich, weil

— Nährstoffe vom Ausgangsmaterial und Humusgehalt her in der Regel weder in ausreichender Menge noch im optimalen Verhältnis vorliegen und

— landwirtschaftlich genutzte Böden infolge des Nährstoffentzugs durch die Ernte von pflanzlichen Erzeugnissen und durch Auswaschung von Nährstoffen nur durch Düngung langfristig ertragreich gehalten werden können.

Schadwirkungen auf die land- und forstwirtschaftliche Produktion treten bei sachgemäßer Anwendung nach derzeitigem Wissensstand nicht ein. Auch für dauerhafte Beeinträchtigungen mikrobieller Stoffumsetzungen gibt es bei Anwendung von Stickstoff-, Phosphat-, Kali- und Kalkdüngung keine Hinweise.

Mit den Sickerwässern gelangen die in den Düngemitteln enthaltenen Nährstoffe teilweise aber auch in tiefere Bodenschichten und schließlich in das Grundwasser. Die Auswaschung von Nährstoffen ist in der Regel unter Wald geringer als unter landwirtschaftlich genutzten Flächen; sie werden im allgemeinen durch Bodenneubildung, Mineralisierung der im Wald verbleibenden forstlichen Biomasse und durch externe Stoffeinträge ausgeglichen. Daneben tragen Oberflächenerosion und gasförmige Stickstoffverbindungen aus mikrobiellen Umsetzungen im Boden zur Belastung anderer, nicht landwirtschaftlich genutzter Ökosysteme bei.

Für den Naturschutz wirft die intensive landwirtschaftliche Düngung mehrere schwerwiegende Fragen auf. Die Auswirkungen fortgesetzter großflächiger Nährstoffanreicherungen auf die Stoffkreisläufe im Naturhaushalt sowie auf Artenbestand und Populationen der natürlichen Flora und Fauna sind noch nicht ausreichend untersucht. Bekannt ist, daß die Düngung bei wildwachsenden Ackerbegleitpflanzen, anspruchslosen Gräsern und Kräutern des Grünlandes einen starken Artenrückgang und Populationsverschiebungen bewirkt. Je nach Düngeintensität breiten sich nährstoffliebende Arten aus. Pflanzenarten, die auf nährstoffarme Standorte spezialisiert sind und die mit ihnen über Nahrungsketten verbundenen Tierarten nehmen in ihrem Bestand ab. Bei weiter steigendem Düngereinsatz nimmt auch der Gefährdungsgrad wildwachsender Pflanzenarten und die Uniformierungstendenz zu. Durch Abtrift bei der Düngerausbringung bzw. Abspülung von Nährstoffen können auch landwirtschaftlich nicht genutzte Flächen in ihrem Vegetationsbestand betroffen werden. Die Nutzungsintensivierung mit erhöhter Düngung ist die Hauptursache für den Rückgang natürlicher Pflanzengesellschaften wie Heiden, Borstgrasrasen, Sand- und Kalkmagerrasen, Streuwiesen. Im Wald könnte eine verstärkte Kalkung, die flächenmäßig derzeit nur von untergeordneter Bedeutung ist, tendenziell zu einer Veränderung der Pflanzengesellschaften durch Förderung nährstoffliebender Pflanzen zu Lasten der an nährstoffärmere Böden mit niedrigem pH-Wert angepaßten Arten führen.

Phosphatdünger

Phosphatdünger wird dem Boden zugeführt, weil die natürlichen Phosphorverbindungen im Boden überwiegend nur geringe Löslichkeit aufweisen. Durch Erosion oder Abschwemmung kann Phosphat aus Dünger in die Gewässer gelangen; dies führt regional zu zusätzlichen Gewässerbelastungen durch Eutrophierung.

Zur Bedeutung des Cadmiums in Phosphatdüngern hat die Bundesregierung in einem Bericht an den Bundesrat vom 15. Oktober 1982 (BR-Drucksache 440/82) Stellung genommen. Die Cadmiumzufuhr durch phosphathaltige Mineraldünger ist flächenbezogen relativ gering und überschreitet 3 bis 5 g/ha und Jahr nur in seltenen Ausnahmefällen. Dennoch prüft die Bundesregierung schon im Hinblick auf andere Belastungsquellen und aus Vorsorgegründen auch die Möglichkeiten einer Cadmiumreduzierung in Phosphatdüngern. Durch Vereinbarungen mit den Herstellern werden jährlich die Cadmiumgehalte der verwendeten Rohphosphate mitgeteilt. Die neuesten Zahlen lassen einen rückläufigen Trend der Cadmiumgehalte erkennen; im übrigen geht die Phosphatdüngung seit einigen Jahren zurück.

Stickstoffdünger

Das natürliche Stickstoffangebot des Bodens reicht zur Erzielung der heute üblichen Erträge nicht aus. Durch Stickstoffdüngung soll ein optimales Pflanzenwachstum erreicht werden. Die Steigerung z. B. der Getreideerträge in den vergangenen 30 Jahren auf etwa das Doppelte wurde u. a. durch Steigerung des Stickstoffaufwandes von rund 25 auf 120 kg je ha und Jahr erreicht.

Die aus ökonomischen Gründen notwendige Anwendung von Stickstoffdünger trifft auf folgende Schwierigkeiten:

— Der Stickstoffbedarf der Pflanzen ist in unterschiedlichen Wachstumsstadien verschieden und u. a. sorten- und witterungsbedingt.

— Die Nachlieferung aus dem Bodenvorrat (Humus) kann innerhalb weiter Grenzen schwanken (Mineralisationsrate 10 bis 300 kg N/ha). Hinzu kommt eine jährliche Zufuhr aus der Atmosphäre von 10 bis 30 kg N/ha und Bindung durch Mikroorganismen von 10 bis 300 kg N/ha.

Grundsätzlich treten Stickstoffverluste durch Auswaschung von Nitrat bei jeder Bodennutzung auf. Sie sind vor allem abhängig von Nutzungsform, Kulturart, Bodenfeuchte, Bodenart, Humusgehalt, Mineraldüngung, wirtschaftseigener Düngung, Flachgründigkeit, Zeitpunkt, Niederschlägen und Vegetationsruhe. Auswaschungsverluste auf nährstoffreichen Ackerböden einzugrenzen, ist schwieriger als auf nährstoffarmen Waldböden. Auch wenn im Ackerbau die Anwendung von Mineraldüngern kurzfristig stark verringert würde, wären Auswaschungsprobleme nur bedingt zu lösen, weil der durch Mineralisierung freigesetzte Bodenstickstoff früheren Düngergaben entstammt und in der vegetationslosen Zeit weiter ausgewaschen wird. In Gebieten, in denen Intensivkulturen (Reben, Hopfen, gärtnerische Kulturen) angebaut werden, ist wegen der dort üblichen hohen Düngeintensität mit besonders starken Auswaschungsverlusten zu rechnen.

Die Erhöhung des Nitratangebots vergrößert die Gefahren der Nitratauswaschung durch Sickerwässer. Mit der Intensität der Nutzung (und damit der Düngung) und der Steigerung der Erträge nimmt deshalb die Auswaschungsgefahr zu, in der Reihenfolge Wald — Grünland — Ackerland — Intensivkultur (z. B. Gemüse- und Weinbau). Der Umbruch von Grünland führt zu einer hohen Stickstoff-Mineralisation, die eine Erhöhung der Gehalte an Nitrat im Grundwasser zur Folge hat.

Neben den Einträgen aus landwirtschaftlicher und gärtnerischer Nutzung können Nitratverunreinigungen des Grundwassers lokal auch durch Abwässer (Abwasserverregnung, fehlende Abwasserbehandlungsanlagen vor allem im ländlichen Raum) und durch Abfälle entstehen.

Erhöhte Nitratgehalte in Grundwässern finden erst in letzter Zeit stärkere Beachtung. Ein stetiges Ansteigen der Nitratgehalte bei vielen Grundwasservorkommen wurde festgestellt, wenn auch die Werte derzeit häufig noch unter dem künftig einzuhaltenden Trinkwasser-Grenzwert von 50 Milligramm je Liter liegen.

Die Nitratkonzentration im Grundwasser wird im wesentlichen durch Auswaschung und Abbau — je nach Untergrundverhältnissen 20 bis 70 v. H. — bestimmt. Beim Abbau des Nitrats wird organische Substanz verbraucht; inwieweit dabei die Selbstreinigungskraft des Untergrundes — auch für andere Stoffe — vermindert wird, bedarf weiterer Untersuchungen.

Die Nitratbelastung des Grundwassers durch die Landwirtschaft ist nutzungs- und standortspezifisch. Düngung ist häufig die Ursache erhöhter Nitratgehalte im Grundwasser, weil das vorhandene Nitratangebot des Bodens nicht berücksichtigt oder die Düngergaben dem tatsächlichen Pflanzenbedarf nicht angepaßt werden. Aber auch ohne Überschreitung der aus Gründen der Pflanzenproduktion erforderlichen Düngung können Nitratbelastungen im Grundwasser auftreten, die eine unmittelbare Verwendung als Trinkwasser nicht zulassen.

Wirtschaftsdünger

Während Mineraldünger häufig in schnell pflanzenverfügbarer Form und dem aktuellen Pflanzenbedarf entsprechend ausgebracht werden könnten, werden Stickstoff und Phosphat im Wirtschaftsdünger (Mist, Gülle, Jauche) erst im Boden mineralisiert und damit für die Pflanzen verfügbar. Jedoch ist der Nährstoffgehalt und dessen Mineralisationsrate häufig nicht genau bekannt; die Freisetzung des Nitrats ist nur begrenzt steuerbar. Flüssige Wirtschaftsdünger sind deshalb — besonders auf Standorten mit humusarmen und sandigen Böden — für das Grundwasser als besonders problematisch einzuschätzen.

In Gebieten mit verbreiteter Massentierhaltung reichen oft die vorhandenen Flächen bzw. Lagerkapazitäten zur ordnungsgemäßen landwirtschaftlichen Verwertung der Reststoffe nicht aus. In diesen Fällen kommt es zu erheblicher Überdüngung, die regional zu verstärkten Nitratbelastungen des Grundwassers und zu Nährstoffeinträgen in Oberflächengewässer geführt hat.

Die Verwendung von Reststoffen aus der Massentierhaltung umfaßt nicht nur Düngungsmaßnahmen, sondern zugleich die Beseitigung von Produktionsrückständen. Bei einer Überdüngung findet § 15 Abfallbeseitigungsgesetz Anwendung. Danach können Bund und Länder durch Rechtsverordnung Vorschriften über die Abgabe und das Aufbringen dieser Wirtschaftsdünger erlassen (Überdüngungsverordnung). Bislang ist in den Ländern davon erst vereinzelt und in unterschiedlicher Weise Gebrauch gemacht worden. Eine zunächst beabsichtigte bundeseinheitliche Regelung wurde von der Mehrheit der Länder als nicht zweckmäßig beurteilt.

Auch das Wasserrecht enthält Regelungsmöglichkeiten für die landwirtschaftliche Bodennutzung. In Wasserschutzgebieten (§ 19 Wasserhaushaltsgesetz) können bestimmte Handlungen verboten oder nur für beschränkt zulässig erklärt werden, so daß — unbeschadet der Entschädigungsfrage — z. B. Düngepläne oder Verbote bestimmter Nutzungen vorgeschrieben werden können. Die bestehenden Schutzgebiets-Richtlinien des Deutschen Verbandes des Gas- und Wasserfaches (DVGW) gehen jedoch in noch unzureichender Weise auf den Schutz des Grundwassers im Zusammenhang mit landwirtschaftlicher Nutzung ein. Außerdem besteht noch ein erhebliches Vollzugsdefizit bei der Ausweisung von Wasserschutzgebieten.

Darüber hinaus kann landwirtschaftliche Bodennutzung, wenn sie geeignet ist, dauernd oder in einem nicht nur unerheblichen Ausmaß schädliche Veränderungen der physikalischen, chemischen oder biologischen Beschaffenheit des Wassers herbeizuführen, eine Maßnahme sein, die einen Benutzungstatbestand i. S. d. § 3 Abs. 2 Nr. 2 WHG darstellt.

b) Ziele

Düngemaßnahmen müssen generell dem aktuellen Nährstoffbedarf der Pflanzenkulturen und dem pflanzenverfügbaren Nährstoffvorrat im Boden angepaßt werden. Außerdem müssen die Auswirkungen auf die natürliche Vegetation und das Grundwasser bei den jeweiligen Standort- und Produktionsbedingungen (Bodentyp, Kulturart, Düngung) von vornherein berücksichtigt werden. Daneben sind je nach Bodeneigenschaften und Grundwasservorkommen zur langfristigen Sicherung der Wasserversorgung künftig gebietsbezogene Auflagen für die Landwirtschaft, insbesondere in Wasserschutz- und Wasservorranggebieten, in Betracht zu ziehen.

In Forstökosystemen darf der natürliche Nährstoffkreislauf, auch bei Anwendung moderner Holzernteverfahren, nicht gestört werden.

c) Lösungsansätze

Rechtlicher und administrativer Handlungsbedarf

Prüfung der rechtlichen Möglichkeiten zur Erreichung der obengenannten Ziele,

Fortschreibung der Düngemittel-Verordnung mit dem Ziel der weiteren Reduzierung nachteiliger Begleitstoffe in Düngemitteln über die Typenliste,

Verringerung des Cadmiumgehaltes in phosphathaltigen Düngemitteln durch Vereinbarung mit den Herstellern und Importeuren, insbesondere über die Offenlegung der Cadmiumgehalte in den verwendeten Rohphosphaten,

Aufstellung von Bewirtschaftungsplänen für Grundwasser oder Grundwasservorkommen, auch im Hinblick auf künftige Nutzungen (Prüfung einer Ergänzung des § 36b WHG),

Erarbeitung von Entscheidungsgrundlagen für die Setzung von Richt- oder Grenzwerten für Nitrat in bestimmten Gemüsearten,

Regelung der Länder für die Ausbringung von Gülle unter besonderer Berücksichtigung der Belange des Naturschutzes und des Grundwasserschutzes,

Ergänzung der Technischen Anleitung zur Reinhaltung der Luft (Nr. 3.3.7.1) durch bauliche und betriebliche Anforderungen über eine Lagerkapazität für Gülle von mindestens sechs Monaten,

Verbesserung der Techniken für die Lagerung und Ausbringung von Gülle,

Förderung zusätzlichen Güllelagerraums (Anpassung an die Tierbestände),

Weitere und zügige Ausweisung von Wasservorranggebieten und Festsetzung von Wasserschutzgebieten, auch im Interesse der künftigen öffentlichen Wasserversorgung (§ 19 WHG),

Erweiterung der Wasserschutzgebietsrichtlinien des DVGW in bezug auf landwirtschaftliche Nutzungen.

Landwirtschaftliche Beratung

Verstärkte Beratung über Maßnahmen, die auswaschungsgefährdete Nährstoffe im Boden vorübergehend festlegen (Zwischenfruchtanbau, Strohdüngung),

Verminderung der Düngeintensität durch Begrenzung der Düngung auf ein durch den Nährstoffentzug der Ernten und den Nährstoffgehalt der Böden bestimmtes Maß,

Ausrichtung mineralischer und organischer Düngung nach Standort und Fruchtart auf den aktuellen stadienabhängigen Bedarf der Pflanzenbestände,

Vermeidung unkontrollierter Nährstoffeinträge in Böden und Gewässer aus Feldsilos und anderen Lagerplätzen,

Anwendung von Methoden zur Bestimmung des pflanzenverfügbaren Stickstoffs im Boden.

Forschung

Vertiefung der Kenntnisse über die Zusammenhänge von Bodennutzung, Nährstoffbedarf und Nitrataustrag,

Weiterentwicklung von praxisnahen, kostengünstigen Schnellmethoden zur Bestimmung des Nitratgehalts in Boden und Wirtschaftsdünger sowie des aktuellen Nährstoffbedarfs der Kulturpflanzen (Stadiendüngung),

Erarbeitung von Kenntnissen im Hinblick auf die überbetriebliche Verwertung von Gülle,

Entwicklung von gewässerökologischen Kriterien für Bodennutzung und Düngung.

2.2. Pflanzenschutzmittel

a) Sachstand

Pflanzenschutzmittel — z. B. Herbizide, Insektizide, Fungizide — sind dazu bestimmt, Pflanzen, insbesondere Kulturpflanzen zu schützen und die Qualität von Pflanzenerzeugnissen zu sichern. Diese Stoffe wirken insofern selektiv, als durch ihre Anwendung Organismen, die Schäden an Pflanzen oder pflanzlichen Erzeugnissen verursachen können, vermindert oder vernichtet werden. Nebenwirkungen auf Tiere, wildlebende Pflanzen und Mikroorganismen sind nicht auszuschließen. Aus arbeitswirtschaftlichen Gesichtspunkten gehören Pflanzenschutzmittel mit zu den wichtigen landwirtschaftlichen Betriebsmitteln.

Risiken für die Belastung der Böden in Agrarökosystemen sind jedoch auch bei Einhaltung aller zum Schutz vor Gefährdungen getroffenen Regelungen nicht auszuschließen. Die Überlegungen zur Kalkulierbarkeit der Risiken bei der Verwendung dieser Stoffe beruhen zu einem großen Teil auf Untersuchungsergebnissen über deren Wirkungs- und Verweildauer im Boden. Wenn sich für manche Wirkstoffe mit bisher angenommener geringer Persistenz im Verlauf weiterer wissenschaftlicher Untersuchungen herausstellt, daß diese nicht vollständig abgebaut werden, sondern Umwandlungsprodukte (Metabolite) entstehen, die Bindungen mit Tonmineralen oder Humus eingehen, so ist dies bis zur Feststellung der dauernden Unschädlichkeit dieser Bindungsprodukte ein ernstzunehmendes Problem. Über die Langzeitakkumulation bestimmter Wirkstoffe im Boden bestehen erhebliche Wissenslücken.

Pflanzenschutzmittel werden heute vorwiegend im Ackerbau, im Gartenbau (z. B. Obst, Gemüse, Zierpflanzen) und in Sonderkulturen (z. B. Wein und Hopfen) angewandt. Der Absatz dieser Stoffe im Inland geht seit einigen Jahren zurück; er lag 1982/83 bei rund 30 000 t Wirkstoffen.

Die Anwendung von Pflanzenschutzmitteln in der Landwirtschaft belastet wildlebende Pflanzen- und Tierarten besonders bei engen Fruchtfolgen mit jährlich mehrfacher prophylaktischer Anwendung von Herbiziden und Insektiziden in intensiv genutzten Ackerbaugebieten. Durch Abtrift und Austrag von Pflanzenschutzmitteln in angrenzende, nicht landwirtschaftlich genutzte Flächen und in Gewässer sind die Auswirkungen nicht auf die Kulturflächen begrenzt.

Der Abbau von Pflanzenschutzmitteln auf und in Pflanzen und Böden hängt von einer Vielzahl natürlicher Faktoren ab, so daß die biologische Halbwertzeit nur im Einzelfall und nur näherungsweise bestimmt werden kann. Jedoch werden Pflanzenschutzmittel, die sich im Boden nicht oder nur sehr langsam abbauen, heute grundsätzlich nicht mehr zugelassen.

Außerhalb von Trinkwasserschutzgebieten und Zuflußbereichen von Wasserwerken unterliegt die Anwendung von Pflanzenschutzmitteln bisher keinen Einschränkungen zum Schutz des Grundwassers, so daß hier die Gefahr einer Kontamination nicht auszuschließen ist.

Maßnahmen gegen Gefährdungen

Bei der Anpassung pflanzenschutzrechtlicher Regelungen an neue wissenschaftliche Erkenntnisse werden im internationalen Vergleich in der Bundesrepublik Deutschland seit einem Jahrzehnt besonders strenge Anforderungen gestellt, so bei den Anwendungsverboten und -beschränkungen für Pflanzenschutzmittel.

Die auf das Pflanzenschutzgesetz gestützte Pflanzenschutz-Anwendungsverordnung ist in der Vergangenheit mehrfach dem Stand der wissenschaftlichen Kenntnisse angepaßt, erweitert und verschärft worden. Danach besteht z. Z. ein vollständiges Anwendungsverbot für 25 Stoffe (besonders für chlorierte Kohlenwasserstoffe und Schwermetallverbindungen); 11 Stoffe unterliegen Anwendungsbeschränkungen und 31 Stoffe beschränkten Anwendungsverboten. Der Einsatz von Herbiziden an Bundesverkehrswegen ist erheblich eingeschränkt worden.

Wesentliche Verbesserungen mit dem Ziel eines verstärkten Schutzes des Naturhaushalts sind in den Regierungsentwurf eines Gesetzes zum Schutz der Kulturpflanzen (Pflanzenschutzgesetz) aufgenommen worden, u. a.:

— Erweiterung des Zulassungsverfahrens von Pflanzenschutzmitteln durch erweiterte Prüfung von schädlichen Auswirkungen auf Wasser, Luft, Boden und durch Abfälle,

— Anwendung nur nach guter fachlicher Praxis, nur soweit erforderlich und nur insoweit, als keine Schäden zu befürchten sind,

— Anwendung auf Freilandflächen grundsätzlich nur, soweit diese landwirtschaftlich, forstwirtschaftlich oder gärtnerisch genutzt werden; durch diese Beschränkung sind ökologisch besonders wertvolle Standorte sowie für den Biotopschutz wichtige Flächen wie Randstreifen, Wegraine, Heckenränder, Feldgehölzflächen, Uferzonen geschützt. In oder an Gewässern ist der Einsatz von Pflanzenschutzmitteln grundsätzlich nicht erlaubt.

b) Ziele

Es ist dafür Sorge zu tragen, daß durch Anwendung von Pflanzenschutzmitteln auch langfristig weder Belastungen des Bodens und der Gewässer noch der Nahrungs- und Futtermittel entstehen können. Eine möglichst sparsame Verwendung dieser Stoffe entspricht gleichermaßen ökonomischen wie ökologischen Interessen.

c) Lösungsansätze

Bodenschutz, Artenschutz

Die Anwendung von Pflanzenschutzmitteln muß zum Schutz des Bodens und von wildlebenden Pflanzen und Tieren

— auf Freilandflächen grundsätzlich untersagt werden, soweit diese nicht landwirtschaftlich, forstwirtschaftlich oder gärtnerisch genutzt werden (§ 6 E. PflSchG),

— auf öffentlichen Flächen sowie in Haus- und Ziergärten weitestgehend eingeschränkt werden.

Der integrierte Pflanzenschutz muß auf breiter Grundlage in die Praxis eingeführt werden.

Schutz des Grundwassers

Der Gefahr von Verunreinigungen des Grundwassers unmittelbar oder mittelbar über den Boden durch Pflanzenschutzmittel soll begegnet werden durch

— Nichtzulassung von Pflanzenschutzmitteln, die schädliche Auswirkungen auf das Grundwasser haben,

— intensives Hinwirken auf die Landwirte zugunsten einer sachgerechten und bestimmungsgemäßen Anwendung dieser Stoffe, z. B. auf der Grundlage von Erläuterungen des Begriffs der ordnungsgemäßen Landwirtschaft einschließlich guter fachlicher Praxis beim Pflanzenschutz,

— weitere und zügige Ausweisung von Wasservorranggebieten und Festsetzung von Wasserschutzgebieten auch für zukünftige Wassergewinnung,

— Schadlose Restebeseitigung von Pflanzenschutzmitteln (Erweiterung der Verordnungsermächtigung in § 14 Abfallbeseitigungsgesetz)

— Erhebung der Belastung der Grundwässer mit Pflanzenschutzmitteln und deren Metaboliten in der Bundesrepublik Deutschland und in Berlin (West) durch die zuständigen Landesbehörden, u. a. zur Feststellung eines weiteren Regelungsbedarfs.

Landwirtschaftliche Beratung

Intensivierung der Beratung zur Einführung des integrierten Pflanzenschutzes auf breiter Ebene in die Praxis.

Forschung

Im Bereich der Forschung sind die Kenntnisse über

— Langzeitakkumulation, Remobilisierung von Pflanzenschutzmittelwirkstoffen und Wirkungszusammenhänge bei Stoffkombinationen sowie über ökotoxikologische Testverfahren einschließlich der Bestimmung geeigneter Bioindikatoren,

— den integrierten Pflanzenschutz

vordringlich zu erweitern.

3. Sonstige stoffliche Einwirkungen

3.1 Altlasten

a) Sachstand

Verlassene und stillgelegte Ablagerungsplätze mit kommunalen und gewerblichen Abfällen (Altablagerungen), wilde Ablagerungen, Aufhaldungen und Verfüllungen mit umweltgefährdenden Produktionsrückständen, auch in Verbindung mit Bergematerial und Bauschutt, ehemalige Industriestandorte, Korrosion von Leitungssystemen, defekte Abwasserkanäle, abgelagerte Kampfstoffe, unsachgemäße Lagerung wassergefährdender Stoffe und andere Bodenkontaminationen können sogenannte Altlasten zur Folge haben. Zu Kontaminationen des Bodens kann es auch im Bereich der Landwirtschaft durch Rückstände von Pflanzenschutzmitteln kommen.

Diese Verunreinigungen gefährden Böden, Grund- und Oberflächenwasser und schränken mögliche Folgenutzungen ein; sie können unmittelbar Gesundheitsgefahren bilden. Auch die weitere industrielle oder gewerbliche Nutzung kontaminierter Standorte beinhaltet Umweltrisiken, weil z. B. Fundamente von Baukonstruktionen oder Ver- und Entsorgungsleitungen zerstört werden können.

Der Bund und die für die Sanierung von Altlasten grundsätzlich zuständigen Länder haben in den vergangenen Jahren erhebliche Anstrengungen zur Verringerung dieser Probleme unternommen. Dies betrifft die Erfassung von ehemaligen Abfallablagerungen, die Bewertung der davon ausgehenden Umweltrisiken sowie die Entwicklung und Durchführung geeigneter technischer Verfahren zur Sanierung von unsachgemäßen und umweltgefährdenden Altablagerungen.

Die so gewonnenen Erfahrungen zeigen, daß sich die Umweltprobleme aus Altablagerungen, besonders auch die Gefahren für Boden und Grundwasser, nicht verallgemeinern lassen. Jeder Einzelfall erfordert hinsichtlich des Umweltrisikos und möglicher Sanierungsmaßnahmen eine gesonderte Bewertung.

Nach Schätzung der Länder wurden Anfang der siebziger Jahre, d. h. vor Inkrafttreten des Abfallbeseitigungsgesetzes in der Bundesrepublik Deutschland rd. 50 000 Abfallablagerungsplätze betrieben; die meisten davon waren sog. wilde Deponien oder Müllkippen. Eine zahlenmäßige Zuordnung dieser Ablagerungen zu bestimmten Abfallarten (Sondermüll, Hausmüll, Bauschutt) ist nicht möglich. Grund hierfür ist nicht zuletzt, daß in der Vergangenheit in vielen Fällen eine gemeinsame Ablagerung dieser Abfallarten erfolgte.

Die Länder haben in den letzten Jahren ca. 30 000 bekannte Altdeponien in der Bundesrepublik Deutschland ermittelt; kleinere Müllkippen sind dabei nicht einbezogen. Etwa 1 000 bis 2 000 davon sind im weiteren Sinne als problematisch anzusehen. Die Ablagerungen sind z. T. in den Ländern kartenmäßig erfaßt.

Bund und Länder haben einen detaillierten Kriterienkatalog erarbeitet, der Entscheidungshilfen für die Bewertung und Sanierung von Altdeponien enthält. Zu den möglichen und je nach Einzelfall der Ablagerung in der Praxis durchgeführten Maßnahmen gehören

— Überwachung und Analyse des Sickerwassers aus der Deponie,

— Kontrollen und Analysen des Grundwassers im Bereich der Deponie sowie Untersuchungen zur Gasentwicklung und Standfestigkeit,

— Ableitung und Behandlung von Sickerwässern,

— Einkapselung der Ablagerungen bzw. seitliche Abdichtung (Einziehen von Dichtungswänden),

— in besonderen Ausnahmefällen Ausräumung oder Auskofferung der Ablagerung und anschließende Beseitigung in einer zugelassenen Abfallbeseitigungsanlage.

Die bestehenden gesetzlichen Regelungen sehen vor, daß etwaige Sanierungskosten von den Verursachern getragen werden. Im Einzelfall ist zu prüfen, inwieweit öffentliche Mittel eingesetzt werden müssen, wenn der Verursacher nicht mehr heranzuziehen oder nicht bekannt ist. In solchen Fällen wird zur Abwendung von Gefahren für die Allgemeinheit der Einsatz öffentlicher Mittel gerechtfertigt sein.

b) Ziele

Die Gefährdungsabschätzung bei Altlasten und deren Sanierung stehen noch am Anfang. Deshalb sind

— alle verfügbaren Informationen über Altlasten innerhalb der nächsten fünf Jahre auszuwerten und bundeseinheitlich zu erfassen,

- Sanierungskonzepte von Bund und Ländern gemeinsam zu erarbeiten,
- irreversibel belastete Böden nur so zu nutzen, daß weitere Gefährdungen der Umwelt ausgeschlossen werden.

Neue Altlasten dürfen in Zukunft nicht entstehen.

c) Lösungsansätze

Erfassung von Altlasten

Die Erfassung von Altablagerungen, insbesondere von Sondermüll- und Industriemülldeponien fällt im wesentlichen in die Zuständigkeit der Länder. Sofern die Länder zur Erfassung der Altablagerungen nach einheitlichen Kriterien und mit einheitlichen Instrumenten eine Beteiligung des Bundes im Rahmen einer umfassenden Aufarbeitung der Altlastenprobleme wünschen, ist die Bundesregierung bereit, sich an einem gemeinsam mit den Ländern zu entwickelnden Konzept zu beteiligen.

Die Bundesregierung wird die Entwicklung und Erprobung von neuen Sanierungsmethoden, z. B. Detektion bei Altablagerungen, nachträglicher Grundwasserschutz und Aufbereitung von Sickerwässen fördern und insoweit die Länder unterstützen.

Zu erwägen ist eine möglichst vollständige katastermäßige Erfassung der Altlasten, besonders der kontaminierten Standorte, und eine Eintragung der jeweiligen Bodenbelastungen in die Liegenschaftskataster.

Sanierung von Altlasten

Die Bundesregierung ist bereit, zusammen mit den Ländern Sanierungsmaßnahmen nach einheitlichen Kriterien zu erarbeiten. Die Durchführung entsprechender Maßnahmen liegt grundsätzlich bei den Ländern. Für den Bereich der Altablagerungen können verbesserte Grundlagen für Sanierungsmaßnahmen auch durch die in der 4. Novelle des Abfallbeseitigungsgesetzes vorgesehene Erweiterung der Überwachungspflicht gewonnen werden.

Verbesserung der regionalen Wirtschaftsstruktur

Im Rahmen des Gesetzes über die Gemeinschaftsaufgabe zur Verbesserung der regionalen Wirtschaftsstruktur ist bereits heute eine Förderung der Sanierung kontaminierter Flächen möglich, sofern diese Flächen in den Fördergebieten der Gemeinschaftsaufgabe liegen und sie nach den Regelungen des Rahmenplans für gewerbliche Zwecke zur Verfügung gestellt werden. Diese Möglichkeit ist in Zukunft verstärkt zu nutzen.

Städtebauliche Sanierungsmaßnahmen

Die Förderung von Bodensanierungen bei städtebaulichen Sanierungsmaßnahmen im Rahmen des Städtebauförderungsgesetzes soll künftig verstärkt werden.

Forschung und Entwicklung

Die Bundesregierung unterstützt Bemühungen zur Lösung des Altlastenproblems durch Forschungs- und Modellvorhaben zur Entwicklung neuer und kostengünstiger Sanierungsverfahren. Beispielhaft sind zu nennen

— neue Techniken zur Erkennung und Bewertung von Altdeponien (Detektionstechniken)

— neue Verfahren und Methoden zum vorsorglichen Grundwasserschutz oder zur Gefahrenabwehr (z. B. Injektionstechnik, mehrschichtige Dichtungssysteme),

— Verfahren zur Aufbereitung von Sickerwässern aus Altdeponien sowie Verfahren und Methoden zur Entgiftung, Aufbereitung und Endbeseitigung von Sonderabfällen,

— Verfahren zur Beobachtung und Kontrolle von Altlasten (Langzeitverhalten).

3.2 Wasser- und bodengefährdende Stoffe — Lagerung und Transport

a) Sachstand

Wenn auch spektakuläre Ereignisse wie z. B. Kerosinunfälle an Flughäfen und Flugplätzen die Risiken bei Lagerung und Transport wassergefährdender Stoffe verdeutlichen, so ist die Zahl der Unfälle in den letzten Jahren etwa konstant geblieben. Bei Lagerung und Transport wassergefährdender Stoffe wurden 1981 im Bundesgebiet etwa 1 500 Schadensereignisse registriert, bei denen rund 7 300 m^3 wassergefährdende Stoffe freigesetzt wurden, darunter Mineralölprodukte (leichtes Heizöl und Dieselkraftstoff) mit einer Gesamtmenge von 4 900 m^3 (67 v. H.). In früheren Jahren lag dieser Anteil deutlich höher.

Etwa 30 v. H. aller Unfälle bei Lagerung führte zu Bodenverunreinigungen, in 5 v. H. der Fälle war das Grundwasser betroffen. Bei Transportunfällen führten etwa 15 v. H. zu Boden- und 1,5 v. H. zu Grundwasserverunreinigungen.

In den letzten Jahren wurde in zunehmendem Maße Grundwasserverunreinigungen mit chlorierten Kohlenwasserstoffen (CKW) bekannt. Dabei handelte es sich in erster Linie um Trichlorethylen, Tetrachlorethylen, 1,1,1-Trichlorethan und Dichlormethan. Aufgrund ihrer spezifischen Eigenschaften (schwerer als Wasser, relativ gut wasserlöslich), ihres weiten Einsatzspektrums (Produktion 1980: 215 000 t) und ihrer trinkwasserhygienischen Bedenklichkeit sind diese Stoffe für Boden und Gewässer gefährlich.

Regelungen über Lagerung und Transport wassergefährdender Stoffe bestehen unter Gesichtspunkten unterschiedlicher Schutzziele:

— Anforderungen an die Errichtung und den Betrieb von Anlagen zur Lagerung, Abfüllung oder Beförderung brennbarer Flüssigkeiten, die in der Regel auch wassergefährdend sind, legt die Verordnung über Anlagen zur Lagerung, Abfüllung und Beförderung brennbarer Flüssigkeiten zu Lande (VbF) vom 27. Februar 1980 fest.

— Für den Transport auf der Straße, auf der Schiene, auf dem Wasser und in der Luft hat das Gesetz über die Beförderung gefährlicher Güter vom 13. August 1975 Vorschriften geschaffen, um die öffentliche Ordnung, wichtige Gemeingüter, Leben und Gesundheit und Menschen und Tiere zu schützen, die in entsprechenden Gefahrengutverordnungen präzisiert wurden.

Im Wasserhaushaltsgesetz (WHG) werden für Rohrleitungen zur Beförderung wassergefährdender Stoffe und für Anlagen zum Lagern, Abfüllen und Umschlagen wassergefährdender Stoffe Anforderungen gestellt, die die Interessen des Gewässerschutzes berücksichtigen. Diese Forderungen des Rahmengesetzes müssen durch die Ländergesetzgebung konkretisiert werden. Die hierzu erlassenen Verordnungen über Anlagen zum Lagern, Abfüllen und Umschlagen wassergefährdender Stoffe liegen erst in einigen Ländern vor.

Das Wasserhaushaltsgesetz und z. T. auch die VbF regeln jedoch nicht den Umgang mit (brennbaren) wassergefährdenden Stoffen, die vorübergehend in Transportbehältern gelagert oder zu Transportzwecken bereitgestellt werden, die sich im Arbeitsgang befinden, die in der für den Fortgang der Arbeiten erforderliche Menge bereitgestellt werden oder die als Fertig- oder Zwischenprodukte kurzfristig abgestellt werden. Wie die Praxis zeigt, birgt dieser Bereich des Umgangs mit wassergefährdenden Stoffen ein hohes Gefährdungspotential.

Eine gezielte Untersuchung auf chlorierte Kohlenwasserstoffe in Trinkwässern und Grundwasser in Baden-Württemberg hat inzwischen etwa 200 Schadensfälle aufgedeckt, wobei als Ursache angegeben werden

— Überfüllen von Lagerbehältern bei gleichzeitig ungeeigneten Schutzvorkehrungen (Überfüllsicherung, Auffangraum),

— „Tropfverluste" beim Befüllen durch Restmengen in den Füllschläuchen,

— Unsachgemäße Umfüllvorgänge bei der Abfüllung in kleinere Gebinde,

— Unzureichende Schutzvorkehrungen beim Umgang mit Lösemitteln im Produktionsgang,

— Ungesicherte Lagerung von verunreinigten Lösemitteln (Restmengen in Leergebinden, Faßleckagen durch Beschädigung oder aggressive Stoffgemische),

— undichte Abwasserkanäle,

— Unfälle bei Transport und Lagerung.

Wie die Untersuchung zeigt, ist der „unsachgemäße" Umgang mit diesen Stoffen eine Hauptursache für die Schadensfälle.

b) Ziele

Die technischen Vorschriften und Regeln für den Umgang mit wasser- und bodengefährdenden Stoffen müssen entsprechend dem Verwendungszweck dieser Stoffe und deren Gefährdungsgrad ergänzt und vereinheitlicht werden. Daneben bedarf das zentrale Problem der Überwachung und Überprüfung wegen des breiten Einsatzspektrums dieser Stoffe besonderer Aufmerksamkeit der zuständigen Landesbehörden.

c) Lösungsansätze

Angleichung technischer Regelungen über wassergefährdende Stoffe in den Bereichen des Gewerberechts (VbF), des Verkehrsrechts (GefahrgutsV) und des Wasserrechts,

Prüfung einer Ergänzung des Wasserhaushaltsgesetzes hinsichtlich des Umgangs mit wassergefährdenden Stoffen (§§ 19g, h WHG),

Einführung einheitlicher Verordnungen über Anlagen zum Lagern, Abfüllen und Umschlagen wassergefährdender Stoffe in allen Ländern,

Empfehlung von Regeln und Richtlinien, die als technische Regeln von den Ländern eingeführt werden könnten,

Bundesweite Erfassung, Prüfung und erforderlichenfalls Sanierung von Anlagen zum Lagern, Abfüllen und Umschlagen chlorierter Kohlenwasserstoffe durch die Länder,

Einführung adäquater Sicherungssysteme entsprechend dem Gefährdungspotential der Stoffe,

Weitgehende Minderung des Gebrauchs von stark wassergefährdenden Stoffen (Substitution),

Verbesserung von Bekämpfungs- und Sanierungsmethoden für Unfälle,

Verbesserung der Informationen über wassergefährdende Stoffe,

Branchenvereinbarungen über die Kennzeichnung wassergefährdender Stoffe in handelsüblichen Produkten,

Verbesserung der Ausbildung über den Umgang mit wassergefährdenden Stoffen.

3.3 Auftaumittel

a) Sachstand

In den Jahren 1976 bis 1981 wurden im Bundesgebiet insgesamt 12,14 Mio. t Auftaumittel, vor allem Natriumchlorid (Streusalz) eingesetzt. Besonders belastet waren — und sind — dabei die innerstädtischen Bereiche sowie ca. 5 bis 20 m breite Streifen und Mittelstreifen mehrspuriger überörtlicher Straßen.

Das Streusalz reichert sich unmittelbar am Fahrbahnrand am stärksten an. Die unerwünschten Nebenwirkungen des Salzes sind Verringerung des Porenvolumens, verminderte Durchwurzelbarkeit und Hemmung der Wurzelfunktionen, vorwiegend nach Ende der Frostperiode. Darüber hinaus werden Gasaustausch und Wasserleitfähigkeit beeinträchtigt. Sauerstoffmangel und Chlorid-Anreicherungen im Wurzelraum führen zu weiteren Störungen von Wurzelfunktion und Wurzelwachstum sowie zu wesentlichen Veränderungen von Artenspektrum und Zahl der Mikroorganismen im Boden.

Eine Beeinflussung der Qualität des Trinkwassers durch Auftausalze wurde bisher nicht festgestellt; derartige Gefährdungen sind jedoch langfristig nicht auszuschließen.

b) Ziele

Die Anwendung von Streusalz muß zum Schutz von Böden und Straßenbegleitvegetation sowie im Hinblick auf die langfristige Aufsalzung des Grundwassers auf ein Mindestmaß reduziert werden. Ökologisch verträglichere und erfolgreich erprobte Streumaterialien sind zu verwenden.

c) Lösungsansätze

Strikte Abwägung der Erfordernis des Streusalzeinsatzes mit der Verkehrssicherungspflicht,

Einbeziehung von umweltverträglicheren Abstumpfungsmitteln,

verstärkte Anwendung von Feuchtsalzverfahren,

Weiterentwicklung von Glatteis-Meldesystemen,

verstärkte Restsalzmessungen auf Fahrbahnen,

Weiterentwicklung exakter Dosiergeräte für die Salzstreuung.

II. Veränderungen der Bodenstruktur und räumliche Einwirkungen auf den Boden

Die Inanspruchnahme von Flächen, Beeinflussungen des Landschaftscharakters und Veränderungen der Bodenstruktur resultieren aus vielfältigen und häufig miteinander verknüpften Ursachen wie der anhaltenden Überbauung und Zerschneidung noch intakter Freiräume durch Wohnungen, Industrie, Gewerbe, Infrastruktur und Verkehr und intensiven Formen der Landwirtschaft, aus Flurbereinigungen mit maschinengerechter Flächenzuordnung, Begradigung, Wegebau und Entwässerung, aus Bodenschädigungen durch Einsatz schwerer Maschinen in der Land- und Forstwirtschaft, Erosion, einseitigen Fruchtfolgen sowie aus Abbau, Aufbereitung und Nutzung von Bodenschätzen.

Vorsorgender Bodenschutz muß beim Landverbrauch ansetzen. Die unmittelbaren Möglichkeiten der Bundesregierung hierzu sind jedoch infolge des föderativen Aufbaus der Bundesrepublik Deutschland eingeschränkt. Der Bund kann im wesentlichen nur in Zusammenarbeit mit den für die Planung der Flächennutzungen in erster Linie verantwortlichen Trägern der Landes-, Regional-, Fach- und Bauleitplanungen auf einen sparsamen Landverbrauch hinwirken.

1. Flächeninanspruchnahme

a) Sachstand

Die Inanspruchnahme von Flächen nach Art, Umfang und Intensität der Nutzung ist für den Boden von entscheidender Bedeutung, weil hierbei sowohl qualitative als auch quantitative Veränderungen der Bodenfunktionen zu berücksichtigen sind. Die verschiedenen Nutzungen können sowohl insgesamt als auch einzeln solche Böden beeinträchtigen, die z. B. als Lebens- und Nahrungsgrundlage für wildwachsende Pflanzen und wildlebende Tiere oder als Grundlage für die Erzeugung von Nahrungsmitteln, Futtermitteln und Rohstoffen in einem nicht zu unterschreitenden Umfang und mit bestimmten Flächengrößen vorhanden sein müssen.

Durch Festlegung in den Programmen und Plänen der Raumordnung, Landes- und Regionalplanung werden die überörtlich bedeutsamen, in den Bauleitplänen die kommunalen flächenbezogenen Umweltbelange erfaßt und die unterschiedlichen Ansprüche an den Raum seitens der privaten Haushalte, der Wirtschaft und der Verwaltung koordiniert. Raumordnung und Landesplanung haben dabei nach § 1 Abs. 1 Raumordnungsgesetz die Pflicht, auch alle umweltrelevanten Grundsätze des Gesetzes in den Programmen und Plänen der Länder zu verwirklichen (§ 2 Abs. 2 und § 4 ROG).

Auf die Ausweisung neuer Wohnbau-, Industrie- und Gewerbeflächen nehmen die Behörden der Landes- bzw. Regionalplanung regelmäßig im Rahmen ihrer Beteiligung an der Bauleitplanung Einfluß. Die Pflicht zur Anpassung der Bauleitpläne an die Regionalpläne ergibt sich aus § 1 Abs. 4 BBauG. Auch wenn ein Regionalplan nicht vorhanden ist, kann auf eine sparsame Ausdehnung der Siedlungsflächen hingewirkt werden. Dabei ist es wichtig, den Gemeinden überörtliche Zielsetzungen nicht nur vorzugeben, sondern sie im Wege der Argumentation und Überzeugung den kommunalen Entscheidungsträgern zu vermitteln.

Die Bundesregierung hat im Raumordnungsbericht 1982 und danach in der Antwort auf die Kleine Anfrage der Fraktion der CDU/CSU und der FDP (BT-Drucksache 10/439) über Art und Umfang des Landverbrauchs, d. h. Umwidmungen vor allem landwirtschaftlich genutzter oder naturnaher Flächen in siedlungswirtschaftliche Nutzungen, und über die von ihr beabsichtigten Maßnahmen zur Verminderung des Siedlungsflächenwachstums berichtet.

Der Siedlungsflächenanteil an der Gesamtfläche des Bundesgebietes vergrößerte sich in den vergangenen 30 Jahren bis 1981 von 7,5 v. H. auf 11,8 v. H., verursacht durch Zunahme der Gebäudefläche (Wohngebäude/Industrie, Gewerbe und Infrastruktur) von 3,2 auf 5,8 v. H., der Verkehrsfläche von

3,5 auf 4,7 v. H. und der innergemeindlichen Freiflächen von 0,9 auf 1,3 v. H..

Wohnen

Wohngebäude haben einen Anteil von ca. 3,2 v. H. der Gesamtfläche des Bundesgebietes. Die starke Neubautätigkeit, die mit einer Steigerung der individuellen Wohnfläche von 15 m² Wohnfläche pro Person 1950 auf 34 m² 1981/82 verbunden war, führte zu einer erheblichen Ausweitung der Wohnbauflächen.

In letzter Zeit ist im Wohnungsbau insgesamt ein sparsamerer Umgang mit Bauland festzustellen. Nach der Baugenehmigungsstatistik[1]) sanken die Grundstücksflächen für Ein- und Zweifamilienhäuser bundesweit von 716 m² (1979) auf 673 m² (1982), wobei gleichzeitig die Bebauungsdichte zunahm. Diese Entwicklung zeigt sich besonders in den Regionen mit hohem Bodenpreisniveau.

Industrie und Gewerbe

Der Flächenbedarf der Wirtschaft erreicht gegenwärtig einen Umfang, der mit dem Baulandbedarf für Wohnzwecke nahezu vergleichbar ist. Die Inanspruchnahme durch Industrie- und Gewerbegebäude mit Lager- und Umschlagplätzen wird heute auf 2,6 v. H. der Gesamtfläche des Bundesgebietes geschätzt. Der Flächenverbrauch der 1979 genehmigten Baumaßnahmen[1]) im Nichtwohnbereich betrug gemäß der Baugenehmigungsstatistik 10 901 ha. 1982 wurden nur noch 6 652 ha benötigt. Da in der Baugenehmigungsstatistik nur Grundstücke, auf denen die genehmigungspflichtigen Baumaßnahmen stehen, erfaßt werden und kleinere Nebenanlagen, zugehörige Parkplätze oder Lagerflächen auf den angrenzenden Grundstücken nicht mit einbezogen sind, liegt der Flächenverbrauch für die gewerblichen, industriellen und infrastrukturellen Baumaßnahmen insgesamt höher.

---

[1]) ohne Bayern

Verkehr

Im Straßenverkehr wuchs die Länge der Gemeindestraßen zwischen 1970 und 1983 schätzungsweise um ca. 44 000 km auf 314 000 km an. Gleichzeitig erhöhte sich die Länge der überörtlichen Verkehrsstraßen um ca. 11 000 km auf 173 000 km. Die befestigten und unbefestigten land- und forstwirtschaftlichen Wege weisen eine Länge von ca. 250 000 km auf. Die Verkehrsfläche beträgt insgesamt 4,7 v. H. des Bundesgebietes. Hierin sind auch die nicht versiegelten Böschungen, Randstreifen u. ä. Sicherheitsstreifen sowie das landwirtschaftliche Wegenetz enthalten. Der Anteil der Bundesfernstraßen, auf die sich etwa die Hälfte des gesamten Straßenverkehrs konzentriert, liegt bei 0,3 v. H.. Verkehrswege bewirken durch eine hohe Netzdichte, eine Zerschneidung bisher ungeteilter Landschaftsräume, und beeinträchtigen die Bodenfunktionen durch mechanische und chemische Belastungen. Ökologische Trennwirkungen sind dabei nicht nur auf überörtliche Verkehrswege beschränkt, sondern können auch von relativ schmalen und wenig befestigten Wegen ausgehen.

Land- und Forstwirtschaftsflächen

Die starke Ausweitung der Siedlungsflächen zwischen 1950 und 1981 vollzog sich überwiegend zu Lasten der landwirtschaftlich genutzten Fläche. Mit einem Anteil von rd. 85 v. H. (21,1 Mio. ha) stellt die land- und forstwirtschaftlich genutzten Flächen prägende Landschaftselemente im Bundesgebiet und in sämtlichen Regionstypen dar.

Die Umwidmung landwirtschaftlich genutzter Flächen zu Siedlungsflächen (1950 bis 1977 mehr als 600 000 ha) führt nicht notwendigerweise zu stärkeren Beeinträchtigungen der Umweltfunktionen des Bodens, weil auch von landwirtschaftlichen Flächen bei intensiver Bewirtschaftung hohe Belastungen ausgehen können. Auch die mit der Intensivierung der Landwirtschaft oft einhergehende Ausräumung ökologisch wertvoller Landschaftsteile (Beseitigung von Knicks, Wällen, Feldgehölzen; Begradigung des Gewässer- und landwirtschaftlichen Wegenetzes und dergl.) trägt zur Beeinträchtigung der Funktionen des Bodens bei.

Auf mittlere Sicht wird die strukturelle Entwicklung in der Landwirtschaft durch folgende Rahmenbedingungen gekennzeichnet:

— kein Bevölkerungszuwachs; möglicherweise Bevölkerungsabnahme,

— anhaltender technischer Fortschritt; anhaltende Überschüsse auf wichtigen Märkten.

Voraussichtlich wird deshalb die Zahl der landwirtschaftlichen Betriebe und die Zahl der in der Landwirtschaft tätigen Menschen zurückgehen. Freiwerdende Flächen können anderweitig, z. B. für Naturschutz und Landschaftspflege genutzt werden, soweit nicht eine Aufforstung in Frage kommt. Bei extensiven Nutzungsformen oder durch Verwendung der freiwerdenden Flächen für den Naturschutz könnte in erheblichem Umfang eine Interessenannäherung von Agrarpolitik und Umweltschutz (Naturschutz, Biotopschutz, Artenschutz) erreicht werden.

Die mögliche Reduzierung der Landwirtschaftsfläche findet ihre Grenze in der Versorgung der Bevölkerung mit Nahrungsmitteln und Rohstoffen. Dafür sind vor allem folgende Einflußgrößen maßgebend:

— Bevölkerungsentwicklung,

— Einfuhrabhängigkeit der Landwirtschaft bei Betriebsmitteln,

— Anbaueignung der Flächen

Flächenentwicklung und Flächenbedarf könnten u. a. auch davon beeinflußt werden, in welchem Umfang sich alternative Formen der Landbewirtschaftung verbreiten.

Naturnahe Flächen

Die für den Naturhaushalt und das Landschaftsbild besonders wertvollen naturnahen Moor- und Heideflächen sowie Öd- und Unland sind zwischen 1950 und 1977 um weit mehr als 400 000 ha zurückgegangen. Hierbei handelt es sich um Gebiete, die vielfach als Refugien für spezielle Tier- und Pflanzenarten dienen. Gewässer und noch stärker Wälder halten demgegenüber einen Zuwachs von mehr als 200 000 ha. Der Zuwachs der Gewässerflächen ist auf die Regionen mit großen Verdichtungsräumen konzentriert und geht vornehmlich auf neue Talsperren und Hochwasserrückhaltebecken, Fischteiche und mit der Siedlungstätigkeit verbundene Kiesgrubengewässer zurück. In den ländlichen geprägten Regionen finden sich demgegenüber Abnahmen der Gewässerflächen als Folge der Intensivierung der Landwirtschaft (Begradigung von Bächen und Flüssen, Auflassung kleiner Gewässer).

Die Inanspruchnahme von bislang nicht oder naturnah genutzten Flächen für Bebauung, Rohstoffgewinnung oder Formen der intensiven Land- und Forstwirtschaft reduziert zeitweilig oder auf Dauer die Lebensräume und damit in der Regel auch die Artenzahl und Vielzahl der bislang dort vorkommenden wildlebenden Tiere und wildwachsenden Pflanzen. Entsprechend der Verringerung oder Veränderung dieser Flächen ist dort mit einem exponentiell ansteigenden Verlust von Arten zu rechnen.

Die Verringerung der naturnahen Flächen hat schwerwiegende ökologische Auswirkungen:

— Verlust wertvoller Biotope mit ökologisch bedeutsamen, in ihrem Bestand oftmals bereits erheblich verminderten Arten,

— aufgrund des verminderten Ressourcenangebotes durch Flächenverringerung und durch Vereinheitlichung der Standorte sinkende Populationsdichten und Unterschreitung der Minimalpopulationen,

- Beeinträchtigung und Schädigung bestehender Schutzgebiete im Sinne der Kategorien des Bundesnaturschutzgesetzes,

- Verlust typischer Standorteigenschaften von Biotopen aufgrund der Wirkungen, die von Randzonen ausgehen. Dieses betrifft besonders die Mikroklimaverhältnisse (z. B. Bodenfeuchtigkeit, Bodentemperaturen) und Veränderungen im Grundwasserbereich,

- Nivellierung der Artenspektren durch Bevorzugung von Arten, die in einem breiten Spektrum ökologischer Bedingungen leben können und vorkommen (Allerweltsarten); Benachteiligung der an eng begrenzte ökologische Voraussetzungen (z. B. große Flächen und stabile Umweltverhältnisse) angepaßten Arten, zu denen die überwiegende Zahl der „Rote-Liste-Arten" zählt,

- weitere Ausdünnung naturnaher Biotope und damit Verlust der „Trittsteinfunktion" oder des Refugialcharakters einzelner Landschaftselemente,

- durch räumliche Trennung ehemals zusammenhängender naturnaher Flächen, Erhöhung der Isolationswirkung und Reduktion der genetischen Vielfalt von Populationen.

Sport- und Freizeitflächen

Die Flächenstatistik weist für das Jahr 1981 128 500 ha aus. Da Sport-, Erholungs- und Freizeitaktivitäten aber häufig als überlagernde Nutzungen z. B. auf land- und forstwirtschaftlichen Flächen betrieben werden, liegt die tatsächlich für Sport, Freizeit und Erholung beanspruchte Fläche bei weitem höher.

Militärisch genutzte Flächen

Bundeswehr und NATO nehmen rd. 253 000 ha in Anspruch; hinzu kommen ca. 152 000 ha, die von den Streitkräften der Entsendestaaten genutzt werden. Die von der Bundeswehr beanspruchten Gebiete werden nur insoweit ihrer bisherigen

Nutzung entzogen, als es der jeweilige militärische Auftrag erfordert. So wird z. B. Forstgelände auf Truppenübungsplätzen weiterhin forstlich bewirtschaftet. Die Betreuung der Freiflächen verursacht Kosten von jährlich mehr als 200 Mio. DM.

Überspannung mit Hochspannungsleitungen

Die Trassenlänge für Hochspannungsleitungen (ab 110 kV) beträgt nach einer Statistik der Vereinigung Deutscher Elektrizitätswerke — VDEW — e. V. knapp 40 000 km; unter Berücksichtigung eines beiderseitigen Schutzstreifens kann diese nutzungsbeschränkte Fläche für die Bundesrepublik Deutschland mit 222 500 ha angegeben werden.

Abbauland

Die Flächen, die für den Abbau von Rohstoffen genutzt werden, betragen nach der Flächenstatistik 1981 63 500 ha (rd. 0,3 v. H. des Bundesgebietes; ohne Baden-Württemberg). Kleinere Abbauflächen sind nicht vollständig erhoben.

Abfalldeponien

Im Bundesgebiet waren 1980 insgesamt 2 854 Deponien in Betrieb, davon 505 Anlagen für Hausmüll, hausmüllähnliche Gewerbeabfälle und Sperrmüll sowie 2 349 Anlagen zur Ablagerung von Bauschutt. Der Bedarf an Deponieflächen für Klärschlämme, Baggergut, Rückstände aus Rauchgasentschwefelungsanlagen und anderen Entsorgungseinrichtungen wird mit den fortschreitenden technischen Umweltschutzmaßnahmen tendenziell zunehmen.

b) Ziele

Bei der anhaltenden Inanspruchnahme und Belastung von Flächen durch Besiedlung, Versiegelung, Zerschneidung oder andere intensive Beanspruchung ist eine flächensparende und bodenschonende Flächennutzungspolitik notwendig. Dabei sind unvermeidbare Auswirkungen auf den Boden auszugleichen.

Die Begrenzung des Landverbrauchs erfordert, daß für die Inanspruchnahme von Flächen die ökologischen wie ökonomischen Auswirkungen und mögliche Alternativen dargelegt werden. Für diese Aufgaben tragen Raumordnung, Landes- und Regionalplanung sowie kommunale Bauleitplanung gemeinsam Verantwortung.

c) Lösungsansätze

Städtebauliche Planungen und Maßnahmen

Die Ansatzpunkte für eine flächensparende und bodenschützende Verwendung von Siedlungsflächen für städtebauliche Planungen und Maßnahmen liegen — nach Maßgabe der Ziele der Raumordnung und Landesplanung — vor allem darin, daß die Ausweisung zusätzlicher Siedlungsflächen nur unter besonderer Berücksichtigung des Freiraumschutzes erfolgt. Raumordnung und Landesplanung sollen verstärkt die aus überörtlicher Sicht bedeutsamen Freiräume sichern; die vorhandenen Instrumente (z. B. Ausweisung von Vorranggebieten, regionalen Grünzügen, Grünzäsuren) sind dafür gezielter einzusetzen. Für andere Freiräume soll in geeigneter Weise sichergestellt sein, daß die Gemeinden vor Inanspruchnahme von Freiraum die Möglichkeiten innerörtlicher Erneuerung und Entwicklung, der Mobilisierung vorhandenen Baulandes, Umwidmung brachliegender Siedlungsflächen und übergemeindlicher Lösungen ausgeschöpft haben.

Daraus folgt:

— Begrenzung der Versiegelung des Bodens durch Baumaßnahmen; Prüfung von Alternativen. Hierzu sollten besonders das Bau- und Planungsrecht auf ausreichende Anforderungen überprüft und ggf. unter Bodenschutzaspekten konkretisiert werden,

— Minimierung der zu versiegelnden Flächen auf Bauland durch landschaftsschonende Zuordnung der Gebäude und Errichtung bodenschonender Außenanlagen,

— Prüfung aller technischen und planerischen Möglichkeiten (z. B. Regenwasserversickerung, Dachbegrünung, flächensparendes Bauen), um Bodenbeeinträchtigungen durch Baumaßnahmen zu vermindern oder weitgehend auszugleichen,

— Sanierung von Grundstücken und Freiflächen (z. B. Rekultivierung oder Renaturierung von Aufschüttungen und Abgrabungen, Freihalten von Frischluftschneisen, Entkernung verdichteter Baublöcke) im Rahmen der Landschaftspflege bzw. Stadterneuerung,

— Aktivierung wohnungsnaher Freiflächen als Grünflächen,

— Erhaltung und Schutz der vorhandenen Flächen mit wertvollen Biotopen und Ausbau zu einem Netzsystem zur Stabilisierung stadtökologischer Funktionen.

Industrie- und Gewerbeflächen

Bodenschutz bei der Inanspruchnahme von Siedlungsflächen für industrielle und gewerbliche Nutzung erfordert darüber hinaus

— Umwidmung von bisherigen Freiflächen für industrielle und gewerbliche Zwecke nur nach Prüfung und Bewertung der ökologischen Folgen,

— verstärkte Nutzung vorhandener Industrie- und Gewerbeflächen, Umwidmung derartiger, nicht zu nutzender Flächen für Wohnungsbau und Vegetationsflächen nach vorheriger Bodensanierung,

— Wiederverwendung von Industrie- und Gewerbeflächen, z. B. über regionale Grundstücksfonds, über Vermittlung regionaler Wirtschaftsförderungsgesellschaften, über regionalwirtschaftliche oder baulandbezogene Förderungsmaßnahmen sowie im Rahmen der Städtebauförderung; Prüfung der Haftungsfrage, der Bodenbewertung und der Finanzierungsmöglichkeiten von Flächenrecycling und Sanierung industriebedingt kontaminierter Böden.

Nahverkehr

Beiträge zum Bodenschutz können leisten

— Reduzierung des Verkehrsflächenbedarfs im städtischen Umland durch Trendumkehr bei der Zerschneidung und Zersiedlung der Landschaft sowie durch Erhöhung der Wohnqualität in den Städten,

— flächensparende Planung und Anlage aller Straßen, insbesondere städtischer Erschließungs- und Hauptverkehrsstraßen,

— Überprüfung der Ausbaustandards für Straßen, ggf. Umbau,

— Maßnahmen flächenhafter Verkehrsberuhigung,

— systematische Förderung des Fußgänger- und Radfahrerverkehrs durch Schaffung annehmbarer Verkehrsverbindungen und -netze,

— grundsätzliche Neuorientierung der kommunalen Generalverkehrspläne ohne einseitig kraftverkehrsorientierte Ausrichtung,

— Anpassung der rechtlichen Rahmenbedingungen, wie z. B. die Straßenverkehrsordnung.

Fernverkehr

Im Fernverkehrsbereich ist anzustreben

— verstärkte Prioritätensetzung bei Investitionen zugunsten des Eisenbahnverkehrs,

- Anlegung strengerer Maßstäbe des Umwelt- und Naturschutzes beim Ausbau des Bundesfernstraßennetzes,
- Steigerung der Kapazität vorhandener Straßen durch Ausbau und Verbesserung (z. B. Anfügen durchgehender Fahrstreifen als Alternative zum Autobahnneubau, punktuelle Engpaßbeseitigung und Ortsumgehungen),
- generelle Überprüfung der Ausbaustandards bei allen Straßentypen,
- organisatorische Maßnahmen zur besseren Ausnutzung verschiedener Verkehrskapazitäten, z. B. erleichterte Umsteigemöglichkeiten.

Land- und Forstwirtschaft; Naturschutz

Erforderlich sind:

- Erhebliche Ausweitung der Naturschutzflächen,
- Überprüfung und ggf. Erweiterung des Naturschutzrechts mit dem Ziel einer Ergänzung der Eingriffsregelung des § 8 BNatSchG zum Schutz des Bodens vor stofflichen Belastungen,
- Überprüfung und ggf. Erweiterung des Naturschutzrechts im Hinblick auf Maßnahmen, für die keine behördliche Erlaubnis etc. (§ 8 Abs. 2 BNatSchG) erforderlich ist, die dennoch als Eingriffe im Sinne des § 8 Abs. 1 anzusehen sind. Für derartige Eingriffe sollte das Erfordernis einer Genehmigung durch die Naturschutzbehörde vorgesehen werden,
- Überprüfung und ggf. Ergänzung des Naturschutzrechts mit dem Ziel, bestimmte Böden (z. B. erdgeschichtlich bedeutsame Formationen) als Sonderstandorte auszuweisen, wiederherzustellen, zu sichern und vor Nutzungsänderungen zu bewahren (§ 12 Abs. 1 BNatSchG),
- weitgehende Reservierung der Böden mit hohem natürlichen Ertragspotential für die landwirtschaftliche Nutzung,

- ökologische Bewertung der Umwandlung von Grünland in Ackerland und evtl. Begrenzung derartiger Umwandlungen (Biotop- und Artenschutz, Stoffaustrag, Erosionsgefährdung),

- Nutzung von Flächen, die aus der Landwirtschaft ausscheiden, für Zwecke des Naturschutzes und der Landschaftspflege (z. B. natürliche Sukzession, naturnaher Waldbau),

- Erhaltung und verstärkte Neuanlage von Vernetzungselementen innerhalb bestehender Landschaftsstrukturen, z. B. im Rahmen der Flurbereinigung. Hierzu zählen u. a. Hecken, Feldraine, linienhafte Pflanzungen, Feldgehölze als Trittsteinbiotope, Uferbepflanzung von Gewässern,

- Erhaltung naturnaher Randflächen in intensiv genutzten Gebieten (Feldraine, Böschungen, Gehölze),

- Sicherung von naturnahen und natürlich genutzten Flächen,

- Sicherung der ausgewiesenen Biotope (Biotopkartierung) als Grundlage für eine Vernetzung naturnaher Lebensräume,

- Erweiterung von Schutzstreifen und Saumbiotopen am Rande von Naturschutzgebieten oder schützenswerten Biotopen (Pufferzonen), z. B. bei der Flurbereinigung, zur Stabilisierung dieser Lebensräume,

- Auswahl großflächiger Biotope auch nach bodenkundlichen Kriterien als Kernzonen für die Erhaltung von Tier- und Pflanzenarten, die speziell an diese Böden angepaßt sind. Unterschutzstellung solcher ausgewählter Biotope,

- Einschränkung der Zerschneidungs- und Trennwirkung linienförmiger Infrastrukturmaßnahmen,

- Einschränkung noch bestehender Nutzungen in Naturschutzgebieten.

- Erhaltung der Grünlandnutzung in Tallagen (besonders in Fluß- und Bachtälern),

— Erarbeitung populationsökologischer Grundlagendaten für die Abschätzung von Minimalpopulationen und Mindestlebensräumen,

— Erarbeitung von Maßstäben für die ökologische Bewertung von Biotopen und für die Beurteilung von Gefährdungen.

Abfallbeseitigung

Der durch Abfalldeponien bedingte Landverbrauch läßt sich deutlich verringern, wenn die technischen, wirtschaftlichen und planerischen Möglichkeiten zur Verringerung und Verwertung von Abfällen regional ausgeschöpft werden. In das Abfallbeseitigungsgesetz wird deshalb ein Gebot zur Verwertung von Abfällen aufgenommen und damit der Vorrang der Verwertung von Abfällen vor der herkömmlichen Abfallbeseitigung festgeschrieben.

2. Einwirkungen auf die Bodenstruktur

Die Fähigkeit des Bodens, Pflanzen als Standort zu dienen und nachhaltig Pflanzenerträge zu liefern (Bodenfruchtbarkeit), beruht auf der Summe und den Wechselwirkungen aller gegebenen physikalischen, chemischen und biologischen Eigenschaften des Bodens unter den am jeweiligen Standort herrschenden Bedingungen. Für die Bodenfruchtbarkeit ist das Bodengefüge, das den Wasser-, Luft- und Wärmehaushalt direkt und darüber hinaus indirekt die Bodenentwicklung, die biologische Aktivität und die Durchwurzelbarkeit beeinflußt, ein wichtiger Faktor. Bei langjähriger, gleicher Nutzung entsteht ein Gleichgewicht zwischen Anlieferung und Abbau organischer Stoffe im Boden. Bei Änderung der Nutzungsart, z. B. durch Rodung und Inkulturnahme bisher forstlich genutzter Standorte oder durch Umwandlung von Grünland in Ackerland, stellt dieses Gleichgewicht sich über mehrere Jahre auf das der neuen Nutzungsart entsprechende Niveau ein.

a) Sachstand

Die agrarpolitischen und ökonomischen Rahmenbedingungen der Landwirtschaft haben zu Entwicklungen beigetragen, die für den Schutz des Bodens als kritisch angesehen werden müssen.

Für die Bodenfruchtbarkeit ergeben sich dadurch neben den Problemen der Humusbildung und des Nährstoffaustrages vor allem Gefährdungen durch Bodenverdichtung und Bodenerosion.

Die Verwendung immer leistungsstärkerer Maschinen und Geräte ist durch den Zwang zur Rationalisierung von Arbeitsgängen bedingt, kann jedoch den Boden erheblich belasten. Oberflächennah können durch Raddruck oder Radschlupf auf feuchten Boden starke Verdichtungen entstehen. Hohe Gewichte belasten den Boden bis in größere Tiefen. Mit der Einführung des Schleppers ist zwar die Ackerkrume insgesamt vertieft worden, jedoch hat sich das Gesamtporenvolumen unterhalb der Pflugtiefe teilweise stark vermindert. Unterbodenverdichtungen sind standortspezifisch vorhanden. Insgesamt gesehen gibt es aber keine ausreichenden Hinweise dafür, daß die Bodenfruchtbarkeit durch Bodenverdichtungen bei den heutigen Bewirtschaftungsverfahren generell gefährdet wäre.

Demgegenüber wird die Bodenfruchtbarkeit durch Bodenerosionen wegen des Verlustes von humus- und nährstoffhaltiger Feinerde sowie durch mechanische Schädigungen von Pflanzen erheblich, wenn auch regional begrenzt, beeinträchtigt. Sie ist auf leicht erodierbaren Böden, wie hängigen Lagen mit Anbau spätdeckender Kulturen und bei Sandstandorten z. T. schon stark herabgesetzt. Bestimmte, heute dort verbreitete Pflanzenbauverfahren sind geeignet, Bodenerosionen über den natürlichen Abtrag hinaus zu verstärken.

Kritisch zu beurteilen sind insbesondere Veränderungen der Bodenstruktur, die im Zusammenhang mit dem Bodenwasserhaushalt stehen. Zur Verbesserung der Bodeneigenschaften für landwirtschaftliche Acker- und Grünlandnutzung wurden in den zurückliegenden Jahrzehnten in großem Umfang Grabenentwässerungen, Dränungen und der Ausbau fließender Gewässer durchgeführt. Häufig erfolgte dies im Rahmen der Flurbereinigung. Der Gewässerausbau mit Laufverkürzung führt in der Regel zu Veränderungen der Wasserspiegellagen. Auch die Änderung der Wasserverhältnisse von stauregelten Flüssen kann auf den angrenzenden Böden und Flächen die auf feuchten Standorten lebende Flora und Fauna verändern. Kanäle führen im Einschnittbereich zur Entwässerung.

Entwässerung ist die überwiegende Ursache für den Artenrückgang in allen Feucht- und Naßbiotopen in Mooren, Naß- und Feuchtwiesen, Feucht-, Naß- und Auwäldern. Hier wirken sich Grundwasserabsenkungen besonders ungünstig aus.

Von der Änderung des Bodenwasserhaushalts werden auch zahlreiche Tierarten betroffen, die feuchte Standorte als Brut- und/oder Nahrungsbiotope benötigen.

Erhebliche Eingriffe in den Bodenwasserhaushalt sind aufgrund der Ein- und Vordeichungen der Nordseeküste entstanden. Die dadurch veränderte Boden- und Sedimentsdynamik sowie der Verlust von Salzwiesen und Wattenflächen bedrohen zusammen mit den stofflichen Belastungen, vor allem durch Ölverschmutzung, den hochspezialisierten, einmaligen Artenbestand des Deichvorlandes und des Wattenmeeres.

Auch Bodenverdichtungen, die neben dem Bodenwasserhaushalt besonders den Gasaustausch stören, haben auf bestimmten Standorten nachteilige Folgen für den Artenbestand von Pflanzen und Tieren. Nur wenige Pflanzen können einer stärkeren mechanischen Verletzung und Bodenverdichtung widerstehen. Große Gefährdungen bringen bestimmte Sport- und Freizeitaktivitäten im Ufer- und Verlandungsbereich von Gewässern für trittempfindliche Biotope mit sich. Auch durch Befahren unbefestigten Bodens mit Fahrzeugen der Land- und Forstwirtschaft, des Straßen- und Wegebaus, im Rahmen militärischer Übungen, durch den Motorgeländesport, Skilauf und durch Trittschäden, besonders im alpinen Bereich, entstehen Bodenverdichtungen und Beeinträchtigungen der natürlichen Flora und Fauna.

b) Ziele

Die Bodenfruchtbarkeit ist durch ökologisch verträgliche Maßnahmen sowie durch eine ökonomisch wie ökologisch sinnvolle Nutzung des Bodens nach Art, Umfang und räumlicher Zuordnung nachhaltig zu sichern und zu fördern. Dazu müssen auch die agrarpolitischen Rahmenbedingungen so gestaltet werden, daß Konflikte mit den Zielen und Grundsätzen des Naturschutzes möglichst gering gehalten werden.

c) Lösungsansätze

Erhaltung der Bodenfruchtbarkeit

Im Bereich der Bodenbearbeitung sind Verfahren auf ihre

— bodenschonende (geringere Bodenbearbeitungsintensität, konservierende Bodenbearbeitung) und

— bodenschützende Wirkung (Belassung von Pflanzenreststoffen auf der Ackeroberfläche, Verminderung von Bodenerosion)

zu untersuchen und in der Praxis zu verstärken. Forschung, Information und Beratung müssen hierzu intensiviert werden. Anbautechniken und Anbauempfehlungen sind stärker an den örtlichen Verhältnissen auszurichten und durch die landwirtschaftliche Beratung in die Praxis einzuführen.

Vorbeugung gegen Bodenverdichtungen

Hierzu sind

— dem jeweiligen Bodenzustand und den Bodenbedingungen beim Maschinen- und Geräteeinsatz Rechnung zu tragen,

— landwirtschaftliche und forstliche Maschinen und Arbeitsverfahren im Hinblick auf die Herabsetzung des Bodendruckes fortzuentwickeln,

— die Verbesserung der Bodentragfähigkeit, z. B. über fruchtarten- und fruchtfolgespezifische Verringerung der Bearbeitungsintensität, Zwischenfruchtanbau und Verwendung von Mulchverfahren anzustreben.

Neben der Weiterentwicklung geeigneter Geräte und Techniken sind Informationen und Beratung dafür die wichtigsten Ansatzpunkte.

Zur Realisierung dieser Lösungsansätze sind vor allem notwendig:

— Agrarpolitische Maßnahmen zur Stärkung der Wettbewerbsfähigkeit bestimmter Produkte mit dem Ziel einer Erweiterung der Hauptfruchtfolge (Körnerleguminosen, Blattfrüchte),

— Wiederaufnahme einer flächendeckenden Statistik des Zwischenfruchtanbaus,

— Erhaltung landschaftlicher Strukturelemente, z. B. von Bodenschutzanlagen wie Hecken, Hochraine und Terrassen; Neubepflanzung gefährdeter Stellen wie Böschungskanten, insbesondere durch Nutzung der Möglichkeiten der Flurbereinigung.

Erhaltung von Biotopen

Zur Erhaltung der Standortvoraussetzungen für Biotope sind Veränderungen des Bodenwasserhaushaltes so weit wie möglich zu begrenzen. In besonderen Fällen muß der ursprüngliche Bodenwasserhaushalt wieder hergestellt werden. Hierzu sind

— die für Feuchtbiotope typischen Böden zu schützen, vor allem die noch vorhandenen Feuchtwiesen, Feuchtmulden, Auwälder und Quellgebiete zu erhalten,

— die Entwässerung noch vorhandener Moore zu unterlassen,

- die besonderen Bodenwasserverhältnisse in den noch vorhandenen Flußauen zu erhalten und Auswirkungen von Gewässerregulierungen und Grundwasserabsenkungen zu vermeiden sowie die natürliche periodische Überflutung nicht zu beeinflussen,

- Küstenschutzmaßnahmen, die auf die Boden- und Sedimentationsdynamik der Wattlandschaft einwirken, soweit einzuschränken, als die Sicherheit der Bevölkerung nicht durch andere Maßnahmen gewährleistet werden kann (vgl. Rahmenplan der Gemeinschaftsaufgabe „Verbesserung der Agrarstruktur und des Küstenschutzes").

Begrenzung der Bodenerosion

Zur Begrenzung der Einwirkungen auf den Boden und der damit verbundenen Erosionsgefahren muß

- das Naturschutzrecht überprüft und ggf. erweitert werden mit dem Ziel, erosionsgefährdete Gebiete auszuweisen (§ 15 Abs. 1 Nr. 1, Abs. 2 BNatSchG),

- Bodenbelastungen in Naturschutzgebieten und ökologisch wertvollen Sonderstandorten durch den Tourismus begegnet werden,

- auf ökologisch bedenkliche Bodenveränderungen für Anlagen und Einrichtungen im Zusammenhang mit dem Fremdenverkehr, insbesondere den Wintersport verzichtet werden,

- der Einsatz schwerer Maschinen in der Forstwirtschaft und in der Landwirtschaft vermieden werden, soweit auf empfindlichen, insbesondere extensiv genutzten Böden Schäden verursacht würden,

- die Übernutzung von Flächen durch Skisport und Trittschäden im Hinblick auf eine Verdichtung des Oberbodens und von Erosionsschäden bei Hang- und Steillagen verhindert werden,

— der Einschwemmung von Bodenteilen in Oberflächengewässer, u. a. durch Anlage von Schutzstreifen entgegengewirkt werden,

— der Kahlschlag in Waldbeständen auf gefährdeten Standorten eingestellt werden,

— die ökologische Verträglichkeit von Bodenabtrag oder -auftrag unter Beachtung der Ausgangssituation und der entstehenden Bodenverhältnisse abgewogen werden, u. a. durch eine flexible Profilgestaltung im Straßen- und Gewässerbau,

— die Bodennutzung an spezielle Standortbedingungen angepaßt werden (Bodenbedeckung, konservierende Bodenbearbeitung, Schutzmaßnahmen).

3. Beeinflussung des Landschaftscharakters

Die Erhaltung besonderer Ausprägungen bestimmter Landschaften und des Charakters des Landschaftsbildes durch Vielfalt, Eigenart und Schönheit von Natur und Landschaft (§ 1 Bundesnaturschutzgesetz) ist Gegenstand des Bodenschutzes, soweit bodenabhängige Strukturen den Charakter und das Bild einer Landschaft bestimmen. Im allgemeinen wird die Bedeutung der Landschaft in Verbindung mit ihrer Funktion für die Erholung des Menschen gesehen. Landschaft ist aber nicht nur Erholungsraum, sondern auch engerer Teil des Lebensraumes der dort wohnenden Menschen, die sich mit ihrer Landschaft identifizieren. Die Kriterien der Vielfalt, Eigenart und Schönheit sind nur sehr bedingt faßbar. Weitgehend sind sie von einem subjektiven Landschaftsverständnis abhängig, das ästhetischen und historisch tradierten Wertvorstellungen unterliegt und sich im Zeitablauf auch ändern kann. Objektive Ansatzpunkte für die Bewertung des Landschaftscharakters liegen in der Erscheinung der Landschaft, die das in ihr enthaltene Informations- und Erholungspotential ausdrückt und die von bestimmten Böden und Bodenausbildungen abhängig oder in besonderer Weise geprägt ist.

Landschaften, deren Eigenart auf noch in Gang befindlichen Bodenbildungsprozessen beruht (Moore und Wattenmeerlandschaft), verdienen besondere Aufmerksamkeit, weil hier die Verbindung von Bodenbildung und natürlichen Bodenveränderungen einerseits und Landschaftsbild andererseits unmittelbar sichtbar ist. Ebenso gilt dies für Landschaften, deren Eigenart von bestimmten abgeschlossenen geologischen und pedologischen Ereignissen in der Vergangenheit herrührt (z. B. Landschaften vulkanischen Ursprungs, erdgeschichtlich besonders gestaltete Tallandschaften). Schützenswert sind aber auch Landschaften, die derartige Prägungen nicht aufweisen.

a) Sachstand

Der Charakter von Landschaften ist durch das Landschaftsbild verändernde Einwirkungen teilweise grundlegend verändert worden. Landschaften mit historisch gewachsener Bodennutzung werden durch Änderung und Überlagerung der Nutzungen im Hinblick auf ihre ursprüngliche Nutzung und ihre Regenerierbarkeit, erheblich beeinträchtigt oder zerstört.

Hierbei sind zu unterscheiden:

— Beeinträchtigungen des Landschaftscharakters entstehen bei allen Be- und Überbauungen mit undurchlässigem Material. Die Beeinträchtigung des Landschaftsbildes geht bei bestimmten Bauwerken, die den Boden selbst nur wenig beanspruchen, wie z. B. Sendetürme, Seilbahnen, Brücken, Masten von Überlandleitungen usw. häufig weit über die unmittelbare Flächenbeanspruchung hinaus. Eine solche Inanspruchnahme der Landschaft kann subjektiv unterschiedlich wahrgenommen werden. Sie ist jedoch um so schwerwiegender, je größer die Entfernung ist, auf die sie ausstrahlt und je empfindlicher die Landschaft gegenüber Eingriffen ist.

— Landschaftsveränderungen durch Entfernung von Boden durch Abbau von Kohle, Erzen, Steinen und Erden, durch

Torfabbau, aber auch durch Maßnahmen des Wasserbaus, des Küstenschutzes, der Landwirtschaft und des Tiefbaus. Die Eingriffe in die Landschaft erreichen teilweise eine große flächenmäßige Ausdehnung und Tiefe (Tagebau). Zwar linienförmig, jedoch über weite Entfernungen wirken sich Kanalbauten auf die Landschaft aus. Landschaftsschäden durch Entfernung von Boden sind häufig mit Belastungen durch Verlagerung und Überdeckung der Böden durch Abraumhalden, Erdaufschüttungen usw. begleitet. Das Landschaftsbild stark störende Überdeckungen sind auch Abfalldeponien.

b) Ziele

Zur Bewahrung von Eigenart, Vielfalt und Schönheit der Landschaft einschließlich der über Jahrhunderte gewachsenen Kulturlandschaften sind die Auswirkungen von Veränderungen der Bodennutzung auf den Landschaftscharakter zu bewerten und landschaftsverträgliche Lösungen für diese Eingriffe zu suchen. Für einige besondere Landschaften reicht dies nicht aus. Hier müssen Nutzungen überhaupt unterbleiben, bis auf solche, die in schonender Weise den Menschen Erholung und naturkundliche Beobachtungen und Untersuchungen ermöglichen und für die ein sonstiges unabweisbares Bedürfnis nachgewiesen wird. Landschaften, für die dies zutrifft, sind insbesondere Moore — in Sonderheit Hochmoore — Flußauen und Auwälder, die Wattenmeerlandschaft und Dünenlandschaften.

c) Lösungsansätze

Bei der Erhaltung des Landschaftscharakters und des Landschaftsbildes stellen sich folgende Aufgaben:

— Bodennutzungen sollen den Landschaftscharakter und das Landschaftsbild möglichst wenig beeinträchtigen,

— stärkere Beachtung landschaftspflegerischer Gesichtspunkte bei der Durchführung von Planungs- und Genehmigungsverfahren für Tagebaue, besonders für den Abbau von Steinen und Erden.

Für den erforderlichen Abbau sind landschaftsschonendere Verfahren zu entwickeln. Der Abbau ist soweit wie möglich von Maßnahmen zu begleiten, die den Landschaftscharakter wiederherstellen bzw. einen ästhetisch und ökologisch vertretbaren Ausgleich schaffen,

— Aufhaldungen beim untertägigen Rohstoffabbau sind durch Ausschöpfung aller Möglichkeiten einer Verbringung unter Tage zu begrenzen. Unumgängliche Halden sind so zu gestalten, daß sie das Landschaftsbild so wenig wie möglich stören,

— möglichst weitgehende Sicherung freier Landschaften, d. h. Landschaften mit naturnahen Bodennutzungen vor weiteren Zerschneidungen durch Verkehrswege und Leitungssysteme sowie vor Bebauung zu bewahren; besondere Sicherung von Landschaften mit sehr empfindlichem Landschaftsbild vor der Inanspruchnahme durch landschaftsverändernde Bodennutzungen,

— Auswahl von Deponiestandorten und -formen, die für das Landschaftsbild nicht störend sind,

— Erhaltung der die Landschaft gliedernden Strukturen und des natürlichen Reliefs, insbesondere bei Trassierungen und flächigen Bebauungen,

— Erhaltung zusammenhängender natürlicher und naturnaher Landschaftsteile in intensiv genutzten Agrarlandschaften,

— Beibehaltung natürlicher Wasserläufe, Vermeidung von Begradigungen und von landschaftsstörenden Ausbauformen; soweit wie möglich Renaturierung der durch früheren Gewässerausbau landschaftsstörend veränderten Fluß- und Bachläufe,

— besondere Sicherung der noch vorhandenen Moor-, Auen-, Hochgebirgs- und Dünenlandschaften sowie der Wattenmeerlandschaft.

4. Rohstofflagerstätten

a) Sachstand

Die Gesamtwirtschaft der Bundesrepublik Deutschland ist von Rohstoffen des Bodens und ihren Veredelungsprodukten in hohem Maße abhängig. Die heimischen Bodenschätze dienen der notwendigen Versorgung von Wirtschaft und Verbrauchern zu tragbaren Bedingungen. Deshalb bezieht auch der Bodenschutz die Sicherung der im Bundesgebiet verfügbaren Rohstoffe sowie ihre aus volkswirtschaftlicher und ökologischer Sicht sinnvolle Nutzung mit ein.

Weil Bodenschätze sich nur an geologisch vorgegebenen Orten finden, ist die Rohstoffgewinnung auf die Inanspruchnahme bestimmter Flächen festgelegt.

Vielfach können heute noch nicht abbauwürdige Vorräte bei Änderung des Preisniveaus oder bei Fortentwicklung technischer Verfahren zu wirtschaftlich nutzbaren Rohstoffreserven werden.

Planerische Vorentscheidungen zugunsten der Rohstoffsicherung werden in den Festlegungen der Landes- und Regionalplanung getroffen. Die Ausweitung von Vorranggebieten zur Rohstoffgewinnung beinhaltet jedoch keine Abbaurechte. Diese können erst nach Prüfung aller nach Bergrecht, Wasserrecht, Baurecht, Naturschutzrecht, Waldrecht und Immissionsschutzrecht zu berücksichtigenden Auflagen erteilt werden. Für Abbauvorhaben, vor allem bei Steinen und Erden, ist die Beteiligung der betroffenen Gemeinden, ggf. ihr Einvernehmen erforderlich.

Im Bundesgebiet werden vor allem abgebaut:

Tiefliegende, untertägig zu gewinnende Rohstoffe

— Steinkohle,

— Erze (Zink, Blei, Eisen, Kupfer, Silber),

— Industrieminerale (Flußspat, Schwerspat, Graphit),

- Salzgesteine (Kalium-, Natrium-, Magnesium-Salze),
- Erdöl und Erdgas.

Oberflächennahe, in der Regel in Tagebauen zu gewinnende Rohstoffe

- Braunkohle,
- Kies und Sand,
- Naturstein und Naturwerkstein,
- Carbonatgesteine,
- Lavaschlacke, Lavasand, Bimsstein,
- Trass,
- Quarzrohstoffe (Quarz, Quarzit),
- Schiefer,
- keramische Rohstoffe (Ton, Lehm, Schieferton, Tonstein),
- Kaolin,
- Bentonit,
- Kieselgur,
- Talkschiefer, Speckstein,
- Feldspat, Feldspatsand,
- Torf.

Mit der Gewinnung, Aufbereitung und Nutzung von Rohstoffen sind vielfältige Flächenbeanspruchungen und andere Einwirkungen auf den Boden verbunden.

Tagebaue für die Gewinnung von Braunkohle, Steinen und Erden oder Torf beanspruchen im allgemeinen größere Flächen als der unterirdische Bergbau, bei dem nur ein begrenzter Flächenbedarf für Aufschüttungen (Halden) und für Tagesanlagen entsteht, aber sekundäre Einwirkungen auf die Erdoberfläche (Landsenkungen) auftreten können.,

Die derzeitigen Abbauflächen nehmen rd. 0,3 v. H. des Bundesgebietes ein. Der jährliche zusätzliche Bedarf für die Gewinnung oberflächennaher Rohstoffe wird auf etwa 6 000 ha geschätzt; davon entfallen ca. 5 000 ha auf den Kies- und Sandabbau. Der Flächenbedarf für den Tiefbau ist mit rd. 90 ha im Jahr vergleichsweise gering. Der jährliche Gesamtflächenbedarf für die Rohstoffgewinnung wird jedoch durch die Rekultivierung von Abbauflächen in annähernd gleichem Umfang ausgeglichen.

Da eine Wiedernutzbarmachung des gesamten in Anspruch genommenen Geländes grundsätzlich vorgeschrieben wird, ist die Flächeninanspruchnahme durch Tagebaue zeitlich begrenzt, wenn auch z. T. über Jahrzehnte andauernd.

Durch die vorgeschriebenen Rekultivierungs- und Ausgleichsmaßnahmen werden Abbauflächen einer anderweitigen, zumeist land-, forst- oder fischereiwirtschaftlichen Nutzung, Erholungs- oder Naturschutzzwecken zugeführt. Nicht alle Veränderungen der Landschaft durch den Abbau sind jedoch durch Rekultivierung heilbar; bestimmte Biotope gehen auf Dauer verloren.

Nicht rekultivierte ehemalige Abbauflächen (z. B. Steinbrüche) haben sich infolge Renaturierung häufig als Rückzugsgebiete für besonders gefährdete Arten und schützenswerte Biotope erwiesen.

Durch z. T. großräumigen Torfabbau sind charakteristische Landschaften und erhaltenswerte Biotope umgestaltet worden. Versuche zur Wiedervernässung teilabgetorfter Moorflächen haben ergeben, daß hier relativ schnell ökologisch wertvolle Feuchtbiotope entstehen.

Die Eingriffe in die Grundwasserverhältnisse bei Tief-Tagebauen beeinflussen den Naturhaushalt und die Landschaft, haben Auswirkungen auf bestehende Wassergewinnungsanlagen der öffentlichen und betrieblichen Wasserversorgung, den Abfluß in Bächen und Flüssen, die Bodennutzungen der Land- und Forstwirtschaft, vorhandene Biotope und auf das Kleinklima.,

Im Steinkohlen- und Kalibergbau fallen in großen Mengen nicht verwertbare Rückstände an. Soweit diese nicht in abgebaute Lagerstättenbereiche verfüllt werden können, werden sie auf Halden gebracht. Im Ruhrgebiet werden z. B. jährlich 30 bis 40 Mio. t Bergematerial aufgehaldet. Die bis Ende 1983 zugelassene Haldenfläche beträgt dort 1 170 ha. Der Zusatzbedarf an Haldenflächen liegt im Ruhrgebiet in der Größenordnung von 50 ha pro Jahr, im Bundesgebiet für den gesamten untertägigen Abbau bei 90 ha jährlich. Während bei Aufhaldungen im Steinkohlebergbau eine Einbindung der Halden in die Landschaft und eine landschaftsgerechte Rekultivierung möglich ist, war in den Kaliabbaugebieten eine Begrünung der — vorwiegend aus Steinsalz bestehenden — Rückstandshalden problematisch. Umweltbeeinträchtigungen entstehen ferner durch die Einleitung von Grubenwässern sowie salzhaltigen Wässern aus der Naßaufbereitung — vorwiegend Kalirestlaugen — in Oberflächengewässer. Diese Kalirestlaugen stammen fast ausschließlich aus der DDR und dem Elsaß. Salzlagerstätten werden auch als Kavernen zur Speicherung von Erdöl und Erdgas sowie als Endlager für gefährliche Abfälle genutzt.

Im Abbau- und Verarbeitungsbereich von Buntmetallen (Blei, Zink, Schwefelkies und Kupfer) sind Schwermetallkontaminationen von Böden und Gewässern aufgetreten, besonders in der Nähe alter Halden und Hütten als Folge eines z. T. über Jahrhunderte fortgesetzten Erzbergbaus. Die Böden und Gewässer im Bereich dieser Erzlagerstätten sind auch geogen vorbelastet.

b) Ziele

Angesichts der begrenzten Vorräte und zur Vorsorge auch für künftige Generationen müssen die Rohstofflagerstätten erfaßt und detailliert untersucht werden. Die für Rohstoffgewinnung geeigneten Flächen sind auch unter Vorsorgegesichtspunkten planerisch auszuweisen. Rohstoffe sind sparsam zu verwenden, Lagerstätten möglichst vollständig zu nutzen. Neben der gezielten Einsparung im Herstellungsprozeß können Spareffekte auch durch Substitution und Recycling erzielt werden. Dabei darf der Rückgriff auf Ersatzstoffe im Hinblick auf die spätere Entsorgung nicht zu Verlagerungen auf andere Bodenschutz- und Umweltprobleme führen.

Bei Rohstoffabbau, -aufbereitung und -nutzung sind Belastungen der anderen Bodenfunktionen dadurch zu begrenzen, daß durch planerische und technische Maßnahmen die Umweltauswirkungen weiterhin wesentlich herabgesetzt werden.

Renaturierungsmaßnahmen sollten gegenüber Rekultivierungsmaßnahmen größeres Gewicht erhalten.

Der Abbau von Rohstoffen in besonders schützenswerten Gebieten muß künftig grundsätzlich ausgeschlossen werden; er ist allenfalls in Krisenzeiten oder ähnlichen Fällen unabweisbaren Bedarfs vertretbar.

c) Lösungsansätze

Die nutzbaren Lagerstätten sind durch Bestandsaufnahme und Kartierung aller mineralischen Rohstoffe nach bundesweit einheitlichen Maßstäben zu erfassen.

Raumordnung und Landesplanung müssen Reserveflächen für künftige Abbauzwecke freihalten. Sie müssen dem Erfordernis der Flächeneinsparung und Ressourcenschonung entsprechen.

Es ist zu prüfen, ob die Rechtsgrundlagen zur Sicherung einer künftigen Nutzung der Rohstofflagerstätten verbessert werden können.

Zur Förderung der Substitution und des Recycling sind die Vorschriften über technische Qualitätsanforderungen an Rohstoffe zu überprüfen.

In Gebieten, deren Böden durch Erzbergbau und -aufbereitung kontaminiert oder durch natürliche Schwermetallgehalte vorbelastet sind, darf die landwirtschaftliche und gärtnerische Nutzung nur nach Maßgabe von Bodenuntersuchungen vor allem über die Pflanzenverfügbarkeit von Schadstoffen erfolgen.

Bei Aufhaldungen muß durch geeignete Maßnahmen, z. B. Abdeckung oder Bepflanzung eine Ausbreitung von Schadstoffen infolge Wasser- oder Winderosion verhindert werden.

Bei Entscheidungen über Auflagen zum Ausgleich von Eingriffen ist Renaturierungsmaßnahmen größeres Gewicht beizumessen.

D. Zusammenfassung

Schwerpunkte des Bodenschutzes und Lösungsansätze

I. Schwerpunkte des Bodenschutzes

Unter den Industriestaaten der Erde gehört die Bundesrepublik Deutschland durch Bevölkerungsdichte und intensive wirtschaftliche Tätigkeit heute zu den Ländern mit der höchsten Umwelt- und Ressourcenbeanspruchung. Trotz aller Anstrengungen zur Verminderung schädlicher Umwelteinwirkungen sind für den Boden ernsthafte Gefahren und langfristige Risiken nicht auszuschließen. Die Bundesregierung wird deshalb den Schutz des Bodens als eigengewichtige ressortübergreifende Aufgabe verstärken und gleichermaßen die Auswirkungen des Bodenschutzes auf andere Politikbereiche durch einen fachübergreifenden Ansatz berücksichtigen.

Der Bodenschutz hat insbesondere

— Maßstäbe für die Erhaltung der Funktion des Bodens im Naturhaushalt zu setzen,

— dafür Sorge zu tragen, daß weder durch stoffliche Einwirkungen über Luft und Wasser noch durch andere ungünstige Einwirkungen des Menschen akute oder chronische Schädigungen der Böden eintreten,

— Grenzen für Stoffeinträge und andere Belastungen der Böden anzugeben, wenn eine Vermeidung nicht möglich ist,

— Anforderungen des Biotop- und Artenschutzes, des Grundwasser- und Gewässerschutzes sowie einer nach Güte und Menge ausreichenden Wasserversorgung zu berücksichtigen,

— Maßstäbe des Gesundheitsschutzes im Hinblick auf die Belastung von Nahrungsketten zu berücksichtigen,

— gleichrangig die Sicherung einer langfristig ausreichenden Versorgung mit land- und forstwirtschaftlichen Erzeugnissen sowie mit Rohstoffen zu berücksichtigen,

— ökologische Anforderungen für Standorte der Abfallbeseitigung und für die Sanierung und Renaturierung der durch Altlasten kontaminierten Standorte zu bestimmen,

— bei Boden- und Flächennutzungen gesellschaftliche Anforderungen an die Bodenfunktion unter Anlegung der Maßstäbe der Umweltverträglichkeit und einer Prüfung der Auswirkungen auf den Raum zu beachten und zu bewerten.

Bei Überlastungen, erheblichen Gefährdungen oder absehbarer Vernichtung von Böden haben ökologische Belange grundsätzlich Vorrang.

Der Leistungsfähigkeit der natürlichen Lebensgrundlagen für Menschen, Tiere und Pflanzen kommt als Voraussetzung für die Erhaltung der Bodenfunktionen besondere Bedeutung zu. Weil jede Art menschlichen Handelns nachhaltig und auf Dauer nur dann sinnvoll möglich ist, wenn die Naturgrundlagen überlegt und schonend in Anspruch genommen werden, will die Bundesregierung durch verstärkten Bodenschutz auch die ökonomischen Funktionen des Bodens fördern und stützen. Dies schließt die Verantwortung für die nachkommenden Generationen ein, denen die Folgelasten aus der Gegenwart nicht aufgebürdet werden sollen.

Eine auch ökologisch ausgerichtete Bodenschutzpolitik muß neben der Bestimmung von Bedingungen, die durch den Umweltschutz für menschliche Aktivitäten vorgegeben werden, den Schutz der Naturgüter auch um ihrer selbst willen, d. h. unabhängig von ihrer Häufigkeit oder Gefährdung einschließen.

Soweit menschliche Eingriffe zu Belastungen der Nahrungskette mit Schadstoffen, zu Grundwasserschäden und zu nachhaltigen Störungen der anderen vom Boden abhängigen Funktionen führen können, muß der Schutz des Bodens als einer der unverzichtbaren Regelungsmaßstäbe gelten. Bei der weiteren instrumentellen Ausgestaltung des Umweltschutzes selbst sind deshalb neben den primären Schutzzielen die Folgewirkungen auf den Boden ausdrücklich und unmittelbar einzubeziehen. Wo ein nachweisbarer Zusammenhang von Ursachen und Wirkungen bodenbeeinträchtigender Faktoren noch nicht vorliegt, aber insoweit begründete Anhaltspunkte gegeben sind, ist bereits im Vorfeld der Gefahrenabwehr vermeidbaren Schäden vorzubeugen.

Das Gebot sozialgerechter Nutzung des Eigentums an Grund und Boden ist eine Richtschnur für den Bodenschutz. Auch die Bodenschutzpolitik muß langfristig verläßliche und berechenbare Rahmenbedingungen schaffen, die Selbstverantwortlichkeit des einzelnen und das Eigeninteresse der Wirtschaft durch strikte Anwendung des Verursacherprinzips und weiteren Ausbau des Kooperationsprinzips stärken.

Bodenschutzanforderungen sind in besonderem Maße am Vorsorgeprinzip ausgerichtet und zukunftsorientiert. Bei der Abwägung in den Politikbereichen, die Auswirkungen auf den Boden haben, wird die Bundesregierung Prioritäten zugunsten eines verstärkten Bodenschutzes setzen. Hier bestehen zwei zentrale Handlungsansätze:

1. Die Minimierung von qualitativ oder quantitativ problematischen Stoffeinträgen aus Industrie, Gewerbe, Verkehr, Landwirtschaft und Haushalten.

   Dies bedeutet:
   Es ist stetig anzustreben, daß durch Begrenzungsmaßnahmen an allen Quellen der Schadstoffe und durch umweltschonende Zuordnung der Flächennutzung ein Gleichgewicht auf möglichst niedrigem Niveau zwischen dem Eintrag von Schadstoffen und den natürlichen Regelungsfunktionen des Bodens entsteht. Auf längere Sicht muß deshalb die Abgabe von unerwünschten Stoffen sowohl mittelbar über Luft und Wasser als auch unmittelbar in den Boden soweit wie möglich durch Kreislaufführung oder Reststoffmanagement ersetzt werden. Insbesondere sind Vermeidungs- und Verwertungsgebote vorzusehen.

2. Eine Trendwende im Landverbrauch

   Dies schließt ein:

   Bodennutzungen sind stärker den natürlichen Standortbedingungen anzupassen; dies gilt auch für landwirtschaftliche Nutzungen. Die Rohstoffvorkommen sind aus volkswirtschaftlicher und ökologischer Gesamtschau sparsam und effektiv zu nutzen. Noch vorhandene natürliche und naturnah genutzte Flächen sind grundsätzlich zu sichern. Vor weiteren Baulandausweisungen und Erschließungsmaßnahmen sind die innergemeindliche Bestandserhaltung und -erneuerung, flächensparendes Bauen und der Ausbau vorhandener Verkehrswege zu fördern. Eine flächenschonende Zuordnung der Bodennutzung muß Inanspruchnahme und Belastungen des Bodens gering halten; dazu sind bei allen planerischen Abwägungsprozessen ökologische Anforderungen stärker zu gewichten.

Soweit im Rahmen einer Bodenschutzkonzeption möglich, werden diese Handlungsansätze im einzelnen ausgeführt. Sie sind im Abschnitt D. II zusammengefaßt.

Nach Verabschiedung der Bodenschutzkonzeption der Bundesregierung ist beabsichtigt, wie dies auch der Deutsche Bundestag in seinem Beschluß „Unsere Verantwortung für die Umwelt" vom 9. Februar 1984 (Plenarprotokoll 10/53, BT-Drucksache 10/870) gefordert hat, in arbeitsteiliger Kooperation mit den Ländern auf der Grundlage der Bodenschutzkonzeption und des Abschlußberichts der Bund/Länder-Arbeitsgruppe „Bodenschutzprogramm" die Erfordernisse des Bodenschutzes zu konkretisieren und die notwendigen Schutzmaßnahmen nach Inhalten, Prioritäten, Zeit- und Kostenrahmen festzulegen.

II. Übersicht der Lösungsansätze

Die im folgenden für die einzelnen Bereiche des Bodenschutzes aufgeführten Lösungsansätze umfassen sowohl Maßnahmen, die die Bundesregierung bereits beschlossen hat, als auch solche, die noch einer Konkretisierung bedürfen (Prüfungsaufträge). Darüber hinaus werden Maßnahmen im Zuständigkeitsbereich der Länder vorgeschlagen; insoweit sind weitere Beratungen mit den Ländern notwendig und beabsichtigt.

1. Allgemeiner Teil

Informationsgrundlagen des Bodenschutzes

Forschungs- und Entwicklungsvorhaben zum Bodenschutz,

Intensivierung der ökologischen Grundlagenforschung,

Einrichtung von repräsentativen Dauerbeobachtungsflächen in Zusammenarbeit mit den Ländern,

Betrieb einer Umweltprobenbank,

Nutzung vorhandener Daten,

Programm ökologischer Demonstrationsvorhaben.

Bodenschutzaspekte im geltenden Recht

Prüfung einer konkreteren, auch auf den Schutz des Bodens gerichteten Ausgestaltung von Rechtsvorschriften wie auch eines verstärkten Ausschöpfens vorhandener Vorschriften,

Anstreben von an der Empfindlichkeit von Böden ausgerichteten und vorsorgende Aspekte berücksichtigenden Qualitätszielen.

2. Besonderer Teil — Begrenzung stofflicher Einwirkungen auf den Boden

Persistente Schadstoffe

— *Bundes-Immissionsschutzgesetz*

Prüfung einer Ergänzung der Zweckbestimmung des Bundes-Immissionsschutzgesetzes um Aspekte des Bodenschutzes zum Schutz der natürlichen Lebensgrundlagen (§§ 1, 3 Abs. 2 BImSchG).

— *Altanlagen*

Vorschlag einer Änderung des § 17 Abs. 2 BImSchG (nachträgliche Anordnung) dahin gehend, daß der Grundsatz der Verhältnismäßigkeit ausdrücklich normiert wird,

Prüfung einer Verschärfung der Bestimmung in Nr. 2.2.4.2 der TA Luft (Emissionskriterien, die nachträgliche Anordnungen auslösen sollen),

Prüfung einer Präzisierung der Nr. 2.2.4.1 der TA Luft mit dem Ziel, Immissionskriterien für Schwermetalle und andere persistente Stoffe zu nennen, die den Schutz der menschlichen Gesundheit und besonders empfindlicher Tier- und Pflanzenarten sicherstellen,

Altanlagen-Sanierungsprogramm (Demonstrationsvorhaben) des Bundesministers des Innern.

— *Neuanlagen*

Prüfung der Festlegung von Immissionswerten für weitere Schwermetalle, insbesondere Kupfer und andere persistente Stoffe in der TA Luft,

Festlegung von Vorgehensweisen, Elementen und Kriterien für Sondergutachten über die Bodenbelastung (Weiterentwicklung von Nr. 2.2.1.3 der TA Luft).

— *Abgaben*

Prüfung von Emissionsabgaben als Möglichkeit zur Senkung der Emissionen sowohl von Alt- als auch von Neuanlagen.

— *Kraftfahrzeuge*

Ablösung des Systems der steuerlichen Anreize über die Kraftfahrzeug- und Mineralölsteuer für alle Pkw zum 1. Januar 1989, für Pkw über 2 Liter Hubraum ab 1. Januar 1988 durch eine obligatorische Regelung, die die Einhaltung der US-Schadstoffgrenzwerte verbindlich vorschreibt. Schaffung entsprechender Voraussetzungen im Rahmen der Europäischen Gemeinschaft,

flankierende Öffentlichkeitsarbeit zur Markteinführung unverbleiten Benzins,

Festlegung neuer Emissionsgrenzwerte für gas- und partikelförmige Abgasbestandteile in Diesel-Motoren; regelmäßige Kontrolle der Rußemission.

— *Gewässerschutz*

Verschärfung der Anforderungen an das Einleiten von Abwasser für bestimmte Stoffe, die im Hinblick auf Toxizität, Langlebigkeit oder Bioakkumulation gefährlich sind, nach dem „Stand der Technik" (§ 7 a Wasserhaushaltsgesetz); entsprechende Ergänzung der Allgemeinen Verwaltungsvorschriften über Mindestanforderungen an das Einleiten von Abwasser,

Überprüfung der Anforderungen an den Bau und Betrieb von Abwasseranlagen, vor allem Kanalisationen, Regenrückhaltebecken u. ä. (§ 18 b WHG),

Förderung einer beschleunigten Ausfüllung und Umsetzung der EG-Gewässerschutzrichtlinie im Rahmen der Europäischen Gemeinschaft,

Festlegung von Anforderungen nach dem „Stand der Technik" auch an das Einleiten von Abwässern in Abwasseranlagen (Indirekteinleiter) durch die Länder.

— *Klärschlämme und Baggergut*

Überprüfung der in der Klärschlammverordnung festgelegten Grenzwerte einschließlich der Aufnahme weiterer Stoffe spätestens im Jahre 1988,

Klärung der Notwendigkeit einer Baggergut-Verordnung.

— *Überwachung*

Zusammenführung der Messungen in Luft, Wasser und Boden sowie Ankopplung an vorhandene Meßnetze, z. B. das Meßnetz des Umweltbundesamtes.

— *Kontaminierte Flächen*

Prüfung von Geboten bei landwirtschaftlicher Nutzung in spezifisch belasteten Gebieten hinsichtlich des Anbaus von Pflanzenarten, bei denen ein Eingang von problematischen Stoffen in die Nahrungskette nicht zu Gefährdungen führt;

Überprüfung des § 44 BImSchG hinsichtlich der Heranziehung auch der Bodenkontamination bei der Festsetzung von Belastungsgebieten.

— *Forschung und Entwicklung*

Untersuchungen als Voraussetzungen für eine Bestandsaufnahme der Bodenbelastung (Bodenkataster) gemeinsam mit den Ländern,

Verstärkte Prüfung von Altstoffen nach § 4 Abs. 6 Chemikaliengesetz,

Entwicklung und Anwendung emissionsarmer Verfahren.

Saure Niederschläge

— *Bundes-Immissionsschutzgesetz*

Überprüfung des Immissionsschutzrechts: Vgl. Lösungsansätze bei persistenten Schadstoffen.

— *Altanlagen*

Frühestmöglicher Vollzug der mit der Großfeuerungsanlagen-Verordnung festgelegten Anforderungen,

Umsetzung einer einheitlichen Anwendungspraxis der Großfeuerungsanlagen-Verordnung hinsichtlich der Stickstoffoxidreduzierung (Emissionswert von 200 mg NO_2/m^3 für Kohlekraftwerke von mehr als 300 MW) durch die Länder.

— *Neuanlagen*

Reduzierung der Emissionswerte für SO_2 und NO_x sowie eine Dynamisierungsregelung für NO_x in der Novelle der TA Luft, Teil 3.

— *Kraftfahrzeuge*

Reduzierung der Stickstoffoxid-Emissionen aus Neufahrzeugen durch die Einführung bleifreien Benzins und die damit verbundenen technischen Maßnahmen; Entwicklung vergleichbarer Maßnahmen für Diesel-Motoren,

Durchführung eines Großversuchs zur Frage der Emissionsminderung bei Kraftfahrzeugen durch Einführung einer Geschwindigkeitsbegrenzung.

— *Häusliche Feuerungen*

Anpassung der Verordnung über Feuerungsanlagen (1. BImSchV) an den Stand der Hausbrandtechnik.

— *Forschung*

Weiterentwicklung von Forschungskonzepten hinsichtlich der Waldschäden und der Sanierungsmöglichkeiten.

Radioaktive Stoffe

Unter Gesichtspunkten des Bodenschutzes derzeit kein Handlungsbedarf.

Handels- und Wirtschaftsdünger

— *Rechtlicher und administrativer Handlungsbedarf*

Fortschreibung der Düngemittel-Verordnung mit dem Ziel der weiteren Reduzierung nachteiliger Begleitstoffe in Düngemitteln über die Typenliste,

Verringerung des Cadmiumgehaltes in phosphathaltigen Düngemitteln durch Vereinbarung mit den Herstellern und Importeuren, insbesondere über die Offenlegung der Cadmiumgehalte in den verwendeten Rohphosphaten,

Aufstellung von Bewirtschaftungsplänen für Grundwasser oder Grundwasservorkommen, auch im Hinblick auf künftige Nutzungen (Prüfung einer Ergänzung des § 36b WHG),

Erarbeitung von Entscheidungsgrundlagen für die Setzung von Richt- oder Grenzwerten für Nitrat in bestimmten Gemüsearten,

Regelungen der Länder für die Ausbringung von Gülle unter besonderer Berücksichtigung der Belange des Naturschutzes und des Grundwasserschutzes,

Ergänzung der TA Luft (Nr. 3.3.7.1) durch bauliche und betriebliche Anforderungen über eine Lagerkapazität für Gülle von mindestens sechs Monaten,

Verbesserung der Techniken für die Lagerung und Ausbringung von Gülle,

Förderung zusätzlichen Güllelagerraums (Anpassung an die Tierbestände),

weitere und zügige Ausweisung von Wasservorranggebieten und Festsetzung von Wasserschutzgebieten, auch im Interesse der künftigen öffentlichen Wasserversorgung (§ 19 WHG),

Erweiterung der Wasserschutzgebietsrichtlinien des DVGW in Bezug auf landwirtschaftliche Nutzungen.

— *Landwirtschaftliche Beratung*

Verstärkte Beratung über Maßnahmen, die auswaschungsgefährdete Nährstoffe im Boden vorübergehend festlegen,

Verminderung der Düngeintensität durch Begrenzung der Düngung auf ein durch den Nährstoffentzug der Ernten und den Nährstoffgehalt der Böden bestimmtes Maß,

Ausrichtung mineralischer und organischer Düngung nach Standort und Fruchtart auf den aktuellen stadienabhängigen Bedarf der Pflanzenbestände,

Vermeidung unkontrollierter Nährstoffeinträge in Böden und Gewässer aus Feldsilos und anderen Lagerplätzen,

Anwendung von Methoden zur Bestimmung des pflanzenverfügbaren Stickstoffs im Boden.

— *Forschung*

Vertiefung der Kenntnisse über die Zusammenhänge von Bodennutzung, Nährstoffbedarf und Nitrataustrag,

Weiterentwicklung von praxisnahen, kostengünstigen Schnellmethoden zur Bestimmung des Nitratgehalts in Boden und Wirtschaftsdünger sowie des aktuellen Nährstoffbedarfs der Kulturpflanzen (Stadiendüngung),

Erarbeitung von Kenntnissen im Hinblick auf die überbetriebliche Verwertung von Gülle,

Entwicklung von gewässerökologischen Kriterien für Bodennutzung und Düngung.

Pflanzenschutzmittel

— *Bodenschutz, Artenschutz*

Grundsätzliche Untersagung der Anwendung von Pflanzenschutzmitteln auf Freilandflächen, soweit diese nicht landwirtschaftlich, forstwirtschaftlich oder gärtnerisch genutzt werden (§ 6 E. Pflanzenschutzgesetz),

weitestgehende Einschränkung der Verwendung von Pflanzenschutzmitteln auf öffentlichen Flächen sowie in Haus- und Ziergärten,

Einführung des integrierten Pflanzenschutzes auf breiter Grundlage in die Praxis.

— *Schutz des Grundwassers*

Nichtzulassung von Pflanzenschutzmitteln, die schädliche Auswirkungen auf das Grundwasser haben,

intensives Hinwirken auf die Landwirte zugunsten einer sachgerechten und bestimmungsgemäßen Anwendung dieser Stoffe, z. B. auf der Grundlage von Erläuterungen des Begriffs der ordnungsgemäßen Landwirtschaft einschließlich guter fachlicher Praxis beim Pflanzenschutz,

weitere und zügige Ausweisung von Wasservorranggebieten und Festsetzung von Wasserschutzgebieten auch für zukünftige Wassergewinnung, schadlose Restebeseitigung von Pflanzenschutzmitteln (Erweiterung der Verordnungsermächtigung in § 14 Abfallbeseitigungsgesetz),

Erhebung der Belastung der Grundwässer mit Pflanzenschutzmitteln und deren Metaboliten in der Bundesrepublik Deutschland und in Berlin (West) durch die zuständigen Landesbehörden, u. a. zur Feststellung eines weiteren Regelungsbedarfs.

— *Landwirtschaftliche Beratung*

Intensivierung der Beratung zur Einführung des integrierten Pflanzenschutzes auf breiter Ebene in die Praxis.

— *Forschung*

Erweiterung der Kenntnisse über Langzeitakkumulation, Remobilisierung von Pflanzenschutzmittelwirkstoffen und Wirkungszusammenhängen bei Stoffkombinationen sowie über ökologische Testverfahren einschließlich der Bestimmung geeigneter Bioindikatoren,

Erweiterung der Kenntnisse über den integrierten Pflanzenschutz.

Altlasten

— *Erfassung von Altlasten*

Beteiligung des Bundes an einem Konzept zur umfassenden Aufarbeitung der Altlastenprobleme,

Förderung der Entwicklung und Erprobung von neuen Sanierungsmethoden, z. B. Detektion bei Altablagerungen, nachträglicher Grundwasserschutz und Aufbereitung von Sickerwässern,

Prüfung einer möglichst vollständigen katastermäßigen Erfassung der Altlasten, besonders der kontaminierten Standorte sowie einer Eintragung der jeweiligen Bodenbelastung in die Liegenschaftskataster.

— *Sanierung von Altlasten*

Beteiligung des Bundes bei der Erarbeitung einheitlicher Kriterien für Sanierungsmaßnahmen; Verbesserung der Grundlagen für Sanierungsmaßnahmen durch Erweiterung der Überwachungspflicht bei Altablagerungen (4. Novelle Abfallbeseitigungsgesetz).

— *Verbesserung der regionalen Wirtschaftsstruktur*

Verstärkte Förderung der Sanierung kontaminierter Flächen im Rahmen des Gesetzes über die Gemeinschaftsaufgabe zur Verbesserung der regionalen Wirtschaftsstruktur.

— *Städtebauliche Sanierungsmaßnahmen*

Verstärkte Förderung von Bodensanierungen bei städtebaulichen Sanierungsmaßnahmen im Rahmen des Städtebauförderungsgesetzes.

— *Forschung und Entwicklung*

Forschungs- und Modellvorhaben zur Entwicklung neuer und kostengünstiger Sanierungsverfahren.

Wasser- und bodengefährdende Stoffe — Lagerung und Transport

Angleichung technischer Regelungen über wassergefährdende Stoffe in den Bereichen des Gewerberechts (VbF), des Verkehrsrechts (GefahrgutV) und des Wasserrechts,

Prüfung einer Ergänzung des Wasserhaushaltsgesetzes hinsichtlich des Umgangs mit wassergefährdenden Stoffen (§§ 19 g, h WHG),

Einführung einheitlicher Verordnungen über Anlagen zum Lagern, Abfüllen und Umschlagen wassergefährdender Stoffe in allen Ländern,

Empfehlung von Regeln und Richtlinien, die als technische Regeln von den Ländern eingeführt werden könnten, bundesweite Erfassung, Prüfung und erforderlichenfalls Sanierung von Anlagen zum Lagern, Abfüllen und Umschlagen chlorierter Kohlenwasserstoffe durch die Länder,

Einführung adäquater Sicherungssysteme entsprechend dem Gefährdungspotential der Stoffe,

weitgehende Minderung des Gebrauchs von stark wassergefährdenden Stoffen (Substitution),

Verbesserung von Bekämpfungs- und Sanierungsmethoden für Unfälle,

Verbesserung der Information über wassergefährdende Stoffe,

Branchenvereinbarungen über die Kennzeichnung wassergefährdender Stoffe in handelsüblichen Produkten,

Verbesserung der Ausbildung über den Umgang mit wassergefährdenden Stoffen.

Auftaumittel

Strikte Abwägung der Erfordernisse des Streusalzeinsatzes mit der Verkehrssicherungspflicht,

Einbeziehung von umweltverträglichen Abstumpfungsmitteln,

verstärkte Anwendung von Feuchtsalzverfahren,

Weiterentwicklung von Glatteismeldesystemen,

Verstärkte Restsalzmessungen auf Fahrbahnen,

Weiterentwicklung exakter Dosiergeräte für die Salzstreuung.

3. Besonderer Teil — Begrenzung der Einwirkungen auf die Bodenstruktur und der räumlichen Einwirkungen auf den Boden

Flächeninanspruchnahme

— *Städtebauliche Planungen und Maßnahmen*

Ausweisung zusätzlicher Siedlungsflächen nur unter besonderer Berücksichtigung des Freiraumschutzes,

verstärkte Sicherung der aus überörtlicher Sicht bedeutsamen Freiräume durch Raumordnung und Landesplanung,

Ausschöpfung der Möglichkeiten innerörtlicher Erneuerung und Entwicklung, der Mobilisierung vorhandenen Baulandes, Umwidmung brachliegender Siedlungsflächen und übergemeindliche Lösungen vor der Inanspruchnahme von Freiraum,

Begrenzung der Versiegelung des Bodens durch Baumaßnahmen; Prüfung von Alternativen,

Überprüfung des Bau- und Planungsrechts auf ausreichende Anforderungen und ggf. Konkretisierung unter Bodenschutzaspekten,

Minimierung der zu versiegelnden Flächen auf Bauland durch landschaftsschonende Zuordnung der Gebäude und Errichtung bodenschonender Außenanlagen,

Prüfung aller technischen und planerischen Möglichkeiten (z. B. Regenwasserversickerung, Dachbegrünung, flächensparendes Bauen), um Bodenbeeinträchtigungen durch Baumaßnahmen zu verhindern oder weitgehend auszugleichen,

Sanierung von Grundstücken und Freiflächen (z. B. Rekultivierung oder Renaturierung von Aufschüttungen und Abgrabungen, Freihalten von Frischluftschneisen, Entkernung verdichteter Baublöcke) im Rahmen der Landschaftspflege bzw. Stadterneuerung,

Aktivierung wohnungsnaher Freiflächen als Grünflächen. Erhaltung und Schutz der vorhandenen Flächen mit wertvollen Biotopen und Ausbau zu einem Netzsystem zur Stabilisierung stadtökologischer Funktionen.

— *Industrie- und Gewerbeflächen*

Umwidmung von bisherigen Freiflächen für industrielle und gewerbliche Zwecke nur nach Prüfung und Bewertung der ökologischen Folgen,

verstärkte Nutzung vorhandener Industrie- und Gewerbeflächen, Umwidmung derartiger, nicht zu nutzender Flächen für Wohnungsbau und Vegetationsflächen nach vorheriger Bodensanierung,

Wiederverwendung von Industrie- und Gewerbeflächen, z. B. über regionale Grundstücksfonds, über Vermittlung regionaler Wirtschaftsförderungsgesellschaften, über regionalwirtschaftliche oder baulandbezogene Förderungsmaßnahmen sowie im Rahmen der Städtebauförderung; Prüfung der Haftungsfrage, der Bodenbewertung und der Finanzierungsmöglichkeiten von Flächenrecycling und Sanierung industriebedingt kontaminierter Böden.

— *Beiträge zum Bodenschutz im Nahverkehrsbereich*

Reduzierung des Verkehrsflächenbedarfs im städtischen Umland durch Trendumkehr bei der Zerschneidung und Zersiedlung der Landschaft sowie durch Erhöhung der Wohnqualität in den Städten,

flächensparende Planung und Anlage aller Straßen, insbesondere städtischer Erschließungs- und Hauptverkehrsstraßen,

Überprüfung der Ausbaustandards für Straßen, ggf. Umbau,

Maßnahmen flächenhafter Verkehrsberuhigung,

systematische Förderung des Fußgänger- und Radfahrerverkehrs durch Schaffung annehmbarer Verkehrsverbindungen und -netze, grundsätzliche Neuorientierung der kommunalen Generalverkehrspläne ohne einseitig kraftverkehrsorientierte Ausrichtung,

Anpassung der rechtlichen Rahmenbedingungen, wie z. B. die Straßenverkehrsordnung.

— *Fernverkehrsbereich*

verstärkte Prioritätensetzung bei Investitionen zugunsten des Eisenbahnverkehrs,

Anlegung strengerer Maßstäbe des Umwelt- und Naturschutzes beim Ausbau des Bundesfernstraßennetzes,

Steigerung der Kapazität vorhandener Straßen durch Ausbau und Verbesserung (z. B. Anfügen durchgehender Fahrstreifen als Alternative zum Autobahnneubau, punktuelle Engpaßbeseitigung und Ortsumgehung),

generelle Überprüfung der Ausbaustandards bei allen Straßentypen,

organisatorische Maßnahmen zur besseren Ausnutzung verschiedener Verkehrskapazitäten, z. B. erleichterte Umsteigemöglichkeiten.

— *Land- und Forstwirtschaft; Naturschutz*

erhebliche Ausweitung der Naturschutzflächen,

Überprüfung und ggf. Erweiterung des Naturschutzrechts mit dem Ziel einer Ergänzung der Eingriffsregelung des § 8 BNatSchG zum Schutz des Bodens vor stofflichen Belastungen,

Überprüfung und ggf. Erweiterung des Naturschutzrechts im Hinblick auf Maßnahmen, für die keine behördliche Erlaubnis etc. (§ 8 Abs. 2 BNatSchG) erforderlich ist, die dennoch als Eingriffe im Sinne des § 8 Abs. 1 anzusehen sind. Für derartige Eingriffe sollte das Erfordernis einer Genehmigung durch die Naturschutzbehörde vorgesehen werden,

Überprüfung und ggf. Ergänzung des Naturschutzrechts mit dem Ziel, bestimmte Böden (z. B. erdgeschichtlich bedeutsame Formationen) als Sonderstandorte auszuweisen, wiederherzustellen, zu sichern und vor Nutzungsänderungen zu bewahren (§ 12 Abs. 1 BNatSchG),

weitgehende Reservierung der Böden mit hohem natürlichen Ertragspotential für die landwirtschaftliche Nutzung,

ökologische Bewertung der Umwandlung von Grünland in Ackerland und evtl. Begrenzung derartiger Umwandlungen (Biotop- und Artenschutz, Stoffaustrag, Erosionsgefährdung),

Nutzung von Flächen, die aus der Landwirtschaft ausscheiden, für Zwecke des Naturschutzes und der Landschaftspflege (z. B. natürliche Sukzession, naturnaher Waldbau),

Erhaltung und verstärkte Neuanlage von Vernetzungselementen innerhalb bestehender Landschaftsstrukturen, z. B. im Rahmen der Flurbereinigung (u. a. Hecken, Feldraine, linienhafte Pflanzungen, Feldgehölze als Trittsteinbiotope, Uferbepflanzung von Gewässern),

Erhaltung naturnaher Randflächen in intensiv genutzten Gebieten (Feldraine, Böschungen, Gehölze),

Sicherung von naturnahen und natürlich genutzten Flächen,

Sicherung der ausgewiesenen Biotope (Biotopkartierung) als Grundlage für eine Vernetzung naturnaher Lebensräume,

Erweiterung von Schutzstreifen und Saumbiotopen am Rande von Naturschutzgebieten oder schützenswerten Biotopen (Pufferzonen), z. B. bei der Flurbereinigung, zur Stabilisierung dieser Lebensräume,

Auswahl großflächiger Biotope auch nach bodenkundlichen Kriterien als Kernzonen für die Erhaltung von Tier- und Pflanzenarten, die speziell an diese Böden angepaßt sind; Unterschutzstellung solcher ausgewählter Biotope,

Einschränkung der Zerschneidungs- und Trennwirkung linienförmiger Infrastrukturmaßnahmen,

Einschränkung noch bestehender Nutzungen in Naturschutzgebieten,

Erhaltung der Grünlandnutzung in Tallagen (besonders in Fluß- und Bachtälern),

Erarbeitung populationsökologischer Grundlagendaten für die Abschätzung von Minimalpopulationen und Mindestlebensräumen,

Erarbeitung von Maßstäben für die ökologische Bewertung von Biotopen und die Beurteilung von Gefährdungen.

— *Abfallbeseitigung*

Verringerung des Landverbrauchs für Abfalldeponien durch regionale Ausschöpfung der technischen, wirtschaftlichen und planerischen Möglichkeiten zur Verringerung und Verwertung von Abfällen,

Aufnahme eines Gebotes zur Verwertung von Abfällen in das Abfallbeseitigungsgesetz (5. Novelle AbfG).

Einwirkungen auf die Bodenstruktur

— *Erhaltung der Bodenfruchtbarkeit*

Untersuchung von Verfahren der Bodenbearbeitung auf ihre bodenschonende und bodenschützende Wirkung und verstärkte Anwendung schonender Verfahren (geringere Bodenbearbeitungsintensität, konservierende Bodenbearbeitung, Belassung von Pflanzenreststoffen auf der Ackeroberfläche, Verminderung von Bodenerosion) in der Praxis,

verstärkte Ausrichtung von Anbautechniken und Anbauempfehlungen an den örtlichen Verhältnissen und Einführung in die Praxis durch die landwirtschaftliche Beratung.

— *Vorbeugung gegen Bodenverdichtungen*

Berücksichtigung des jeweiligen Bodenzustandes und der Bodenbedingungen beim Maschinen- und Geräteeinsatz,

Fortentwicklung landwirtschaftlicher und forstwirtschaftlicher Maschinen und Arbeitsverfahren im Hinblick auf die Herabsetzung des Bodendruckes,

Verbesserung der Bodentragfähigkeit, z. B. über fruchtarten- und fruchtfolgenspezifische Verringerung der Bearbeitungsintensität, Zwischenfruchtanbau und Verwendung von Mulchverfahren,

agrarpolitische Maßnahmen zur Verstärkung der Wettbewerbsfähigkeit bestimmter Produkte mit dem Ziel einer Erweiterung der Hauptfruchtfolge (Körnerleguminosen, Blattfrüchte),

Wiederaufnahme einer flächendeckenden Statistik des Zwischenfruchtanbaus,

Erhaltung landschaftlicher Strukturelemente, z. B. von Bodenschutzanlagen wie Hecken, Hochraine und Terrassen; Neubepflanzung gefährdeter Stellen wie Böschungskanten, insbesondere durch Nutzung der Möglichkeiten der Flurbereinigung.

— *Erhaltung von Biotopen*

Begrenzung von Veränderungen des Bodenwasserhaushaltes,

Schutz der für Feuchtbiotope typischen Böden, vor allem Erhaltung der noch vorhandenen Feuchtwiesen, Feuchtmulden, Auwälder und Quellgebiete,
unterlassen der Entwässerung noch vorhandener Moore,

Erhaltung der besonderen Bodenwasserverhältnisse in den noch vorhandenen Flußauen, Vermeidung der Auswirkungen von Gewässerregulierungen und Grundwasserabsenkungen und Nichtbeeinflussung der natürlichen periodischen Überflutung,

Einschränkung von Küstenschutzmaßnahmen, die auf die Boden- und Sedimentationsdynamik der Wattlandschaft einwirken, wenn die Sicherheit der Bevölkerung durch andere Maßnahmen gewährleistet werden kann (vgl. Rahmenplan der Gemeinschaftsaufgabe „Verbesserung der Agrarstruktur und des Küstenschutzes").

— *Begrenzung der Bodenerosion*
Überprüfung und ggf. Erweiterung des Naturschutzrechts mit dem Ziel, erosionsgefährdete Gebiete auszuweisen (§ 15 Abs. 1 Nr. 1, Abs. 2 BNatSchG),

Vermeidung von Bodenbelastungen in Naturschutzgebieten und ökologisch wertvollen Sonderstandorten durch den Tourismus,

Verzicht auf ökologisch bedenkliche Bodenveränderungen für Anlagen und Einrichtungen im Zusammenhang mit dem Fremdenverkehr, insbesondere den Wintersport,

Vermeidung des Einsatzes schwerer Maschinen in der Forstwirtschaft und in der Landwirtschaft, soweit auf empfindlichen, insbesondere extensiv genutzten Böden Schäden verursacht würden,

Verhinderung der Übernutzung von Flächen durch Skisport und Trittschäden im Hinblick auf eine Verdichtung des Oberbodens und von Erosionsschäden bei Hang- und Steillagen,

Verminderung der Einschwemmung von Bodenteilen in Oberflächengewässer, u. a. durch Anlage von Schutzstreifen,

Einstellung des Kahlschlags in Waldbeständen auf gefährdeten Standorten,

Abwägung der ökologischen Verträglichkeit von Bodenabtrag oder -auftrag unter Beachtung der Ausgangssituation und der entstehenden Bodenverhältnisse, u. a. durch flexible Profilgestaltung im Straßen- und Gewässerbau. Anpassung der Bodennutzung an spezielle Standortbedingungen (Bodenbedeckung, konservierende Bodenbearbeitung, Schutzmaßnahmen).

Beeinflussung des Landschaftscharakters

— *Erhaltung des Landschaftscharakters und des Landschaftsbildes*
Möglichst geringe Beeinträchtigung des Landschaftscharakters und des Landschaftsbildes durch Bodennutzungen,

stärkere Beachtung landschaftspflegerischer Gesichtspunkte bei der Durchführung von Planungs- und Genehmigungsverfahren für Tagebaue, besonders für den Abbau von Steinen und Erden. Für den erforderlichen Abbau sind landschaftsschonendere Verfahren zu entwickeln. Der Abbau ist soweit wie möglich vom Maßnahmen zu begleiten, die den Landschaftscharakter wiederherstellen bzw. einen ästhetisch und ökologisch vertretbaren Ausgleich schaffen. Aufhaldungen beim untertägigen Rohstoffabbau sind durch Ausschöpfung aller Möglichkeiten einer Verbringung unter Tage zu begrenzen. Umumgängliche Halden sind so zu gestalten, daß sie das Landschaftsbild so wenig wie möglich stören,

möglichst weitgehende Sicherung freier Landschaften, d. h. Landschaften mit naturnahen Bodennutzungen vor weiteren Zerschneidungen durch Verkehrswege und Leitungssysteme sowie vor Bebauung zu bewahren; besondere Sicherung von Landschaften mit sehr empfindlichem Landschaftsbild vor der Inanspruchnahme durch landschaftsverändernde Bodennutzungen,

Auswahl von Deponiestandorten und -formen, die für das Landschaftsbild nicht störend sind,

Erhaltung der die Landschaft gliedernden Strukturen und des natürlichen Reliefs, insbesondere bei Trassierungen und flächigen Bebauungen,

Erhaltung zusammenhängender natürlicher und naturnaher Landschaftsteile in intensiv genutzten Agrarlandschaften,

Beibehaltung natürlicher Wasserläufe, Vermeidung von Begradigungen und von landschaftsstörenden Ausbauformen; soweit wie möglich Renaturierung der durch früheren Gewässerausbau landschaftsstörend veränderten Fluß- und Bachläufe,

Besondere Sicherung der noch vorhandenen Moor-, Auen-, Hochgebirgs- und Dünenlandschaften sowie der Wattenmeerlandschaft.

Rohstofflagerstätten

Erfassung der nutzbaren Lagerstätten durch Bestandsaufnahme und Kartierung aller mineralischen Rohstoffe nach bundesweit einheitlichen Maßstäben,

Freihalten von Reserveflächen für künftige Abbauzwecke durch Raumordnung und Landesplanung unter Berücksichtigung der Flächeneinsparung und Ressourcenschonung,

Prüfung einer Verbesserung der Rechtsgrundlagen zur Sicherung einer künftigen Nutzung der Rohstofflagerstätten,

Überprüfung der Vorschriften über technische Qualitätsanforderungen an Rohstoffe zur Förderung der Substitution und des Recycling,

landwirtschaftliche und gärtnerische Nutzung in Gebieten, deren Böden durch Erzbergbau und -aufbereitung kontaminiert oder durch natürliche Schwermetallgehalte vorbelastet sind, nur nach Maßgabe von Bodenuntersuchungen vor allem über die Pflanzenverfügbarkeit von Schadstoffen,

Verhinderung einer Ausbreitung von Schadstoffen infolge Wasser- oder Winderosion bei Aufhaldungen durch geeignete Maßnahmen, z. B. Abdeckung der Bepflanzung,

stärkere Gewichtung von Renaturierungsmaßnahmen bei Entscheidungen über Auflagen zum Ausgleich von Eingriffen.

Materialien

I. Zusammenstellung bodenschützender Rechtsvorschriften des Bundes

Die Zusammenstellung ist gegliedert nach Vorschriften, bei denen der Schutz des Bodens vom Schutzzweck der Norm mitumfaßt wird, die somit unmittelbar bodenschützende Wirkung entfalten, und in solche, die andere Rechtsgüter schützen, die aber — mittelbar — auch bodenschützend wirken. Hinzu kommen die sog. Planungsnormen, soweit sie für Bodenschutzaspekte relevant sind. Diese Normen werden im wesentlichen durch Verwaltungsvorschriften konkretisiert. Zur Konkretisierung trägt auch die Rechtsprechung im Wege der Rechtsauslegung bei.

1. Vorschriften mit unmittelbar bodenschützendem Inhalt

a) Bundesnaturschutzgesetz

Das Gesetz enthält überwiegend allgemeine bodenschutzdienliche Zielsetzungen und Grundsätze (§ 1; Natur und Landschaft sind im besiedelten und unbesiedelten Bereich ... zu schützen, zu pflegen und zu entwickeln...). Dabei ist der Boden vorwiegend als Teil der Natur bzw. des Naturhaushalts und der Landschaft angesprochen: z. B. § 1: u. a. Schutz der Leistungsfähigkeit des Naturhaushalts und der Nutzungsfähigkeit der Naturgüter sowie der Vielfalt, Eigenart und Schönheit von Natur und Landschaft, § 2 Abs. 1 Nrn. 1 bis 3 und 5: Erhaltung der Leistungsfähigkeit des Naturhaushalts, Schutz von Natur und Landschaft, sparsame Nutzung der Naturgüter, Vermeidung der Vernichtung wertvoller Landschaftsbestandteile. Einige Regelungen bewirken faktischen Bodenschutz, indem sie andere Rechtsgüter schützen, die zum Boden in einer tatsächlichen Beziehung stehen — so z. B. § 2 Abs. 1 Nrn. 6—9: Erhaltung von Wasserflächen, Reduzierung von Luftverunreinigungen, Vermeidung von Beeinträchtigungen des Klimas, Sicherung der Vegetation. Das gleiche gilt für Gebietsschutzverordnungen z. B. bei Naturdenkmälern, Naturschutzgebieten und Landschaftsschutzgebieten.

§ 2 Abs. 1 Nr. 4 spricht den Boden ausdrücklich an: „Boden ist zu erhalten; ein Verlust seiner natürlichen Fruchtbarkeit ist zu vermeiden." Die §§ 8, 12 und 15 enthalten Vorschriften, die sich auf zu schützende Bodenfunktionen beziehen. Diese Vorschriften bedürfen allerdings der Konkretisierung durch Landesrecht.

Schließlich können auf § 27 Abs. 2 basierende, durch Landesrecht begründete Flurbetretungsverbote Bodenschutzzwecke verfolgen, wenn sie durch einen wichtigen Grund legitimiert sind.

b) Bundesberggesetz

Zweck des Gesetzes ist es u. a., zur Sicherung der Rohstoffversorgung das Aufsuchen, Gewinnen und Aufbereiten von Bodenschätzen unter Berücksichtigung ihrer Standortgebundenheit zu ordnen und zu fördern, sowie die Vorsorge gegen Gefahren, die sich aus bergbaulicher Tätigkeit für Leben, Gesundheit und Sachgüter Dritter ergeben, zu verstärken und den Ausgleich unvermeidbarer Schäden zu verbessern (§ 1 Nr. 1 und 3). Das Gesetz enthält allerdings keine bergrechtlichen Regelungen für Grundstücke, die einem öffentlichen Zweck gewidmet oder im Interesse eines öffentlichen Zwecks geschützt sind. Für derartige Grundstücke gilt ein Vorrang der jeweiligen Schutzvorschriften und Verfahrensregelungen. Die für die Ausführung der Schutzvorschrift zuständige Behörde hat jedoch dafür Sorge zu tragen, daß die Aufsuchung und Gewinnung von Bodenschätzen so wenig wie möglich beeinträchtigt werden (§ 48 Abs. 1).

Das Gesetz gilt auch für das Wiedernutzbarmachen der Oberfläche während und nach der Aufsuchung, Gewinnung und Aufbereitung von bergfreien und grundeigenen Bodenschätzen (§ 2 Abs. 1 Nr. 2). Dabei ist unter Wiedernutzbarmachung die ordnungsgemäße Gestaltung der vom Bergbau in Anspruch genommenen Oberfläche unter Beachtung des öffentlichen Interesses zu verstehen (§ 4 Abs. 4). Die einzelnen Regelungen zur Wiedernutzbarmachung (§§ 50 Abs. 3 Nr. 4, 51 Abs. 3, 53 Abs. 1 i. V. m. 55 Abs. 1 Satz 1 Nr. 7, 66 Nr. 8, 77, 81 Abs. 2 Nr. 2, Abs. 3), die im Hinblick auf die Erfordernisse eines modernen Umweltschutzes in das Gesetz aufgenommen worden sind (vgl. Begründung des Gesetzes, BT-Drucksache 8/1315, S. 67, 76), haben — sieht man davon ab, daß der Abbau von Rohstoffen in aller Regel mit erheblichen Beeinträchtigungen des Bodens verbunden ist — unmittelbar bodenschützende Wirkung, indem sie Vorkehrungen für die nach dem Abbau der Bodenschätze geplante Nutzung erfordern.

Dasselbe gilt für die Vorschriften über den Ausschluß gemeinschädlicher Einwirkungen bei Betriebsplanzulassungen (§ 55 Abs. 1 Satz 1 Nr. 9) und die Berücksichtigung aller entgegenstehenden überwiegenden öffentlichen Interessen im Rahmen des § 11 Nr. 10 und § 12 Abs. 1 (Versagung von Erlaubnis und Bewilligung) sowie des § 48 Abs. 2 (Möglichkeit der Untersagung oder Beschränkung von Aufsuchung und/oder Gewinnung im Einzelfall). In diesen Fällen ist die Bergbehörde im Rahmen ihrer Zuständigkeit zur Berücksichtigung auch anderer als bergbaulicher Belange gezielt aufgerufen.

Andere Regelungen können mittelbar bodenschützend wirken (z. B. § 39 Abs. 3: Wiederherstellung des früheren Zustandes fremder Grundstücke nach Abschluß der Aufsuchungsarbeiten; § 55 Abs. 1 Satz 1 Nr. 6: Ordnungsgemäße Beseitigung der anfallenden Abfälle als Voraussetzung für die Zulassung eines Betriebsplans).

c) Chemikaliengesetz

Zweck des Gesetzes ist es, den Menschen und die Umwelt vor schädlichen Einwirkungen gefährlicher Stoffe zu schützen. Dieser Zweckbestimmung dienen die Prüfung und Anmeldung von Stoffen, die Einstufung, Kennzeichnung und Verpackung gefährlicher Stoffe sowie Verbots- und sonstige Beschränkungsmöglichkeiten. Das Gesetz stuft u. a. solche Stoffe und Zubereitungen als gefährlich ein, die selbst oder deren Verunreinigungen oder Zersetzungsprodukte geeignet sind, die natürliche Beschaffenheit von Wasser, Boden oder Luft, von Pflanzen, Tieren oder Mikroorganismen sowie des Wasserhaushalts derart zu verändern, daß dadurch erhebliche Gefahren oder erhebliche Nachteile für die Allgemeinheit herbeigeführt werden (§ 3 Nr. 3 Buchstabe n).

Sogenannte Altstoffe, die grundsätzlich von der Anmeldepflicht ausgenommen sind, können durch Rechtsverordnung einer solchen Verpflichtung unterstellt werden, wenn tatsächliche Anhaltspunkte u. a. für eine derartige Gefährlichkeit bestehen. Die Vorschriften des Chemikaliengesetzes schützen den Boden insoweit unmittelbar.

d) Pflanzenschutzgesetz

Das Gesetz hat neben dem Pflanzen- und Vorratsschutz u. a. den Zweck, Schäden abzuwenden, die bei der Anwendung von Pflanzenbehandlungsmitteln oder von anderen Maßnahmen des Pflanzen- oder Vorratsschutzes, insbesondere für die Gesundheit von Mensch und Tier entstehen können (§ 1 Abs. 1). Zur Erreichung dieser Ziele sieht das Pflanzenschutzgesetz neben der Möglichkeit, Anwendungsbeschränkungen anzuordnen, u. a. vor, daß Pflanzenbehandlungsmittel nur dann eingeführt oder gewerbsmäßig vertrieben werden dürfen, wenn sie von der Biologischen Bundesanstalt zugelassen worden sind. Die Zulassung wird gemäß § 8 Abs. 1 erteilt, wenn

1. das Pflanzenbehandlungsmittel nach dem Stande der wissenschaftlichen Erkenntnisse und der Technik hinreichend wirksam ist,

2. die Erfordernisse des Schutzes der Gesundheit von Mensch und Tier beim Verkehr mit gefährlichen Stoffen nicht entgegenstehen und

3. das Pflanzenbehandlungsmittel bei bestimmungsgemäßer und sachgerechter Anwendung keine schädlichen Auswirkungen für die Gesundheit von Mensch und Tier sowie keine sonstigen schädlichen Auswirkungen hat, die nach dem Stande der wissenschaftlichen Erkenntnisse nicht vertretbar sind.

Über die gesundheitliche Voraussetzung der Nr. 2 und 3 entscheidet die Biologische Bundesanstalt im Einvernehmen mit dem Bundesgesundheitsamt (§ 8 Abs. 2).

Diese Regelung zeigt im Kontext mit § 1, daß im Vordergrund der Pflanzen- und Vorratsschutz sowie der Schutz vor gesundheitlichen Schäden durch die Anwendung von Pflanzenbehandlungsmitteln steht. Sonstige, nach dem Stande der wissenschaftliche Erkenntnisse nicht vertretbare Schäden können auch Bodenbeeinträchtigungen sein. Dieser abstrakte Gesetzeswortlaut wird durch die Verordnung über die Prüfung und Zulassung von Pflanzenschutzmitteln konkretisiert. Nach § 1 Abs. 2 Nummer 4 dieser Verordnung ist für die Beurteilung eines Pflanzenschutzmittels die Vorlage von Angaben über das Verhalten in Böden und Gewässern, insbesondere über Abbau und Rückstände der Wirkstoffe, ausdrücklich vorgeschrieben. Die Vorschriften des Pflanzenschutzrechts schützen insoweit den Boden unmittelbar.

e) Düngemittelgesetz

Das Gesetz regelt den Warenverkehr mit Düngemitteln. Es wirkt unmittelbar bodenschützend, indem es die Zulassung von Düngemitteln davon abhängig macht, daß diese bei sachgerechter Anwendung u. a. die Fruchtbarkeit des Bodens ... und den Naturhaushalt nicht gefährden (§ 2 Abs. 2). Unmittelbar bodenschützende Wirkung entfaltet auch § 5, wonach Verkehrsbeschränkungen für Düngemittel vorgesehen werden können, u. a. zum Schutz der Fruchtbarkeit des Bodens sowie zur Abwehr von Gefahren für den Naturhaushalt.

f) Abfallbeseitigungsgesetz

Klärschlammverordnung

Gemäß § 2 Abs. 1 Nr. 3 des Gesetzes sind Abfälle so zu beseitigen, daß das Wohl der Allgemeinheit nicht beeinträchtigt wird, insbesondere dadurch, daß der Boden schädlich beeinflußt wird.

Diese Regelung erhebt den Schutz des Bodens zum Maßstab für die Abfallbeseitigung. Dasselbe gilt gemäß § 15 Abs. 1 Satz 1 i.V.m. § 2 Abs. 1 und § 11 für das Aufbringen bestimmter Stoffe auf landwirtschaftlich, forstwirtschaftlich oder gärtnerisch genutzte Böden.

Unmittelbar bodenschützenden Inhalt hat die auf § 15 Abs. 2 gestützte Klärschlammverordnung; sie legt Grenzwerte nach Menge und Inhaltsstoffen für die Aufbringung von Klärschlamm auf Böden fest.

g) Tierkörperbeseitigungsgesetz

Tierkörper, Tierkörperteile und Erzeugnisse sind so zu beseitigen, daß u. a. Gewässer, Boden und Futtermittel durch Erreger übertragbarer Krankheiten oder toxische Stoffe nicht verunreinigt werden (§ 3 Abs. 1 Nr. 2). Diese Vorschrift nennt den Boden ausdrücklich als Schutzgut.

h) Altölgesetz

Das Gesetz sieht die Bildung eines Rückstellungsfonds vor, aus dem u. a. Unternehmen Zuschüsse bekommen können, die Altöl gewässer- und bodenunschädlich beseitigen. Diese Regelung dient unmittelbar dem Schutz des Bodens.

i) Atomgesetz und Strahlenschutzverordnung

Zweck des Atomgesetzes ist es u. a., Leben, Gesundheit und Sachgüter vor den Gefahren der Kernenergie und der schädlichen Wirkung ionisierender Strahlen zu schützen (§ 1).

Zur Erreichung dieses Ziels dürfen Anlagen u. a. nur dann genehmigt werden, wenn überwiegende öffentliche Interessen, insbesondere im Hinblick auf die Reinhaltung des Bodens, der Wahl des Standorts der Anlagen nicht entgegenstehen (§ 7 Abs. 2 Nr. 6).

Dasselbe gilt für die Genehmigung zur Verwendung von Kernbrennstoffen außerhalb von genehmigten Anlagen (§ 9 Abs. 2 Nr. 6).

Diese Regelungen dienen unmittelbar dem Schutz des Bodens. Verfahrensrechtlich sind sie im Hinblick auf die Genehmigung von Anlagen in § 3 Abs. 1 Nr. 8 der Atomrechtlichen Verfahrensordnung abgesichert.

Auch die Strahlenschutzverordnung enthält Regelungen, die unmittelbar am Bodenschutz orientiert sind. So ist z. B. die Reinhaltung des Bodens ebenso Voraussetzung für die Genehmigung des Umgangs mit bestimmten radioaktiven Stoffen (§ 6 Abs. 1 Nr. 8 i. V. m. § 3 Abs. 1) wie für die Genehmigung der Einrichtung einer Anlage zur Erzeugung ionisierender Strahlen (§ 18 Nr. 5 i. V. m. § 15).

j) Strafrecht

Im 28. Abschnitt des Strafgesetzbuches — Straftaten gegen die Umwelt — ist der Boden in einigen Tatbeständen ausdrücklich geschütztes Rechtsgut.

Zu nennen sind:

§ 326 Abs. 1 Nr. 3 — Umweltgefährdende Abfallbeseitigung (vgl. auch § 326 Abs. 5),

§ 329 Abs. 2 und 3 — Gefährdung schutzbedürftiger Gebiete,

§ 330, insbesondere Absatz 1 und 2 — Schwere Umweltgefährdung.

2. Rechtsnormen mit mittelbar bodenschützendem Inhalt

a) Wasserhaushaltsgesetz

Das Gesetz dient der Ordnung des Wasserhaushalts (§ 1a Abs. 1). Es enthält vor allem Regelungen zur Vermeidung von Verunreinigungen des Wassers und zur Verhütung einer sonstigen nachteiligen Veränderung seiner Eigenschaften (§ 1 Abs. 2). Von erheblicher Bedeutung sind insbesondere die dem Schutz des Grundwassers dienenden Vorschriften wie § 19a — Genehmigung von Rohrleitungsanlagen zum Befördern wassergefährdender Stoffe —, § 19 g, der Vorschriften über Anlagen zum Lagern, Abfüllen und Umschlagen wassergefährdender Stoffe enthält oder § 34 Abs. 2 der das Lagern und Ablagern von Stoffen regelt. Diese Normen sollen gewährleisten, daß keine Schadstoffe in den Boden und von dort aus in das Grundwasser eingetragen werden. Darüber hinaus enthält das Gesetz raumbezogene Vorschriften, wie z. B. die Regelung über die Festsetzung von Wasserschutzgebieten (§ 19), die mittelbar auch einen Schutz des Bodens beinhalten.

Von Bedeutung sind ferner die planungsrechtlichen Instrumente der §§ 36 und 36 b (Wasserwirtschaftliche Rahmenpläne und Bewirtschaftungspläne), die — wenngleich sie in erster Linie auf den Gewässerschutz ausgerichtet sind — auch dem Schutz des Bodens zugute kommen können.

b) Waschmittelgesetz

Das Gesetz dient der Vermeidung von Beeinträchtigungen der Beschaffenheit der Gewässer und des Betriebs von Abwasseranlagen durch Wasch- und Reinigungsmittel, die in Mengen von über 1 Million Tonnen pro Jahr in der Bundesrepublik Deutschland verbraucht und quasi bestimmungsgemäß in die Umwelt gelangen. Die Regelungen schützen mittelbar auch den Boden, da sie auch eine Anreicherung evtl. kritischer Inhaltsstoffe von Wasch- und Reinigungsmitteln in Klärschlämmen und Gewässersedimenten, die landwirtschaftlich verwertet werden sollen, verhindern.

c) Bundes-Immissionsschutzgesetz

Störfallverordnung,
Großfeuerungsanlagen-Verordnung, TA-Luft

Zweck des Gesetzes ist es, Menschen, Tiere, Pflanzen und andere Sachen vor schädlichen Umwelteinwirkungen und, soweit es sich um genehmigungsbedürftige Anlagen handelt, auch vor Gefahren, erheblichen Nachteilen und erheblichen Belästigungen, die auf andere Weise herbeigeführt werden, zu schützen, und dem Entstehen schädlicher Umwelteinwirkungen vorzubeugen (§ 1).

Der Boden ist als Schutzgut nicht ausdrücklich genannt. Ob er unter den Begriff „andere Sachen" i. S. von § 1 subsumiert werden kann, ist strittig.

Wegen dieser abstrakten Formulierung sowie der Tatsache, daß das Gesetz bisher in erster Linie als Gesetz zum Schutz vor Luftverunreinigungen und Lärmbelästigungen angesehen worden ist, dürften seine anlagen-, betriebs- und stoffbezogenen Regelungen nur als mittelbar bodenschützend anzusehen sein.

Eine unmittelbar bodenbezogene Regelung enthält § 50 des Gesetzes, der bestimmt, daß bei raumbedeutsamen Planungen und Maßnahmen die für eine bestimmte Nutzung vorgesehenen Flächen einander so zuzuordnen sind, daß schädliche Umwelteinwirkungen auf die ausschließlich oder überwiegend dem Wohnen dienenden Gebiete sowie auf sonstige schutzbedürftige Gebiete soweit wie möglich vermieden werden. Die konkrete Entscheidung über die Flächenzuordnung wird auf kommunaler Ebene getroffen.

Die Regelungen der Störfallverordnung, der Großfeuerungsanlagen-Verordnung sowie der TA-Luft, die auf dem Bundesimmissionsschutzgesetz basieren, schützen den Boden ebenfalls mittelbar.

Allerdings entfaltet die Regelung der Nr. 2.2.1.3 letzter Satz der TA-Luft (Prüfung, soweit Immissionswerte nicht festgelegt sind, und Prüfung in Sonderfällen) unmittelbar bodenschützende Wirkung, da sie ausdrücklich festlegt, daß im Hinblick auf Lebens- und Futtermittel bei bestimmten Stoffen eine überhöhte Bodenbelastung zu berücksichtigen ist. Ebenfalls unmittelbar bodenschützende Wirkung entfaltet Nr. 2.2.1.2 Buchst. a) 2. Absatz der TA-Luft, der für bestimmte Fälle auf die Regelungen der Nr. 2.2.1.3 verweist.

d) DDT-Gesetz

Das Gesetz verbietet die Herstellung, die Ein- und Ausfuhr, das Inverkehrbringen sowie den Erwerb und die Anwendung von DDT. Schutzgut ist, wie aus § 6 Abs. 2 hervorgeht, die menschliche Gesundheit. Das umfassende Verbot von DDT wirkt mittelbar aber auch bodenschützend.

e) Benzin-Blei-Gesetz

Das Gesetz schützt als Rechtsgut die menschliche Gesundheit. Indem es den Gehalt bestimmter Stoffe in Ottokraftmotoren beschränkt, wirkt es mittelbar auch bodenschützend.

f) Gesetz über die Beförderung gefährlicher Güter

Gefahrgutverordnung Straße
Gefahrgutverordnung Eisenbahn

Das Gesetz definiert als gefährliche Güter Stoffe und Gegenstände, von denen aufgrund ihrer Natur, ihrer Eigenschaften oder ihres Zustandes im Zusammenhang mit ihrer Beförderung Gefahren für die öffentliche Sicherheit und Ordnung, insbesondere für die Allgemeinheit, für wichtige Gemeingüter, für Leben und Gesundheit von Menschen sowie für Tiere und andere Sachen ausgehen können (§ 2 Abs. 1). Der Boden kann unter die Begriffe „wichtiges Gemeingut" oder „andere Sachen" subsumiert werden. Damit wirkt das Gesetz ebenfalls mittelbar bodenschützend.

Das Gesetz enthält eine Verordnungsermächtigung für einschränkende Regelungen über den Verkehr mit gefährlichen Gütern, soweit dies zum Schutz gegen die von ihrer Beförderung ausgehenden Gefahren und erheblichen Belästigungen erforderlich ist (§ 3 Abs. 1).

Die aufgrund dieser Ermächtigung erlassenen Verordnungen enthalten detaillierte Regelungen, die u. a. das Austreten von Stoffen beim Transport verhindern sollen und die damit auch bodenschützend wirken.

g) Gewerbeordnung

Verordnung über brennbare Flüssigkeiten

§ 24 des Gesetzes enthält die Ermächtigung, durch Rechtsverordnung bestimmte Regelungen zu treffen zum Schutz von Beschäftigten und Dritter vor Gefahren durch überwachungsbedürftige Anlagen. Die auf dieser Grundlage erlassene Verordnung enthält Regelungen, die verhindern sollen, daß brennbare Stoffe aus Anlagen austreten. Damit kann sie bodenschützend wirken.

h) Bundeswaldgesetz

Zweck des Gesetzes ist der Schutz des Waldes (§ 1). In verschiedenen Vorschriften ist auf dessen Bedeutung u. a. für die Bodenfruchtbarkeit, das Landschaftsbild oder die Leistungsfähigkeit des Naturhaushalts hingewiesen (z. B. §§ 1 Nr. 1; 6 Abs. 3 Nrn. 1, 3, 5; §§ 12 Abs. 1; 16; 17 Nr. 3). Das Gesetz schützt hiermit auch den Boden.

i) Flurbereinigungsgesetz

Das Gesetz dient der Verbesserung der Produktions- und Arbeitsbedingungen in der Land- und Forstwirtschaft sowie der Förderung der allgemeinen Landeskultur und der Landesentwicklung (§ 1). Zur Erreichung dieses Ziels sind u. a. im Flurbereinigungsgebiet bodenschützende sowie — verbessernde und landschaftsgestaltende Maßnahmen vorzunehmen, durch welche die Grundlage der Wirtschaftsbetriebe verbessert, der Arbeitsaufwand vermindert und die Bewirtschaftung erleichtert werden (§§ 18, 37 Abs. 1 Satz 2). Diese Regelung enthält damit auch bodenschützende Elemente.

Gemäß § 37 Abs. 2 ist bei der Neugestaltung des Flurbereinigungsgebiets u. a. den Erfordernissen des Umweltschutzes, des Naturschutzes und der Landschaftspflege Rechnung zu tragen. Diese Regelung ist geeignet, den Boden als Teil der Umwelt, der Natur und der Landschaft zu schützen.

Es sei noch darauf hingewiesen, daß das Flurbereinigungsgesetz Regelungen enthält, die Entscheidungen ermöglichen, die dem Bodenschutz widersprechen können. So können — mit Zustimmung der zuständigen Naturschutzbehörde, § 45 Abs. 3 — gemäß § 45 Abs. 1 Nr. 3 Naturdenkmäler, Naturschutzgebiete sowie geschützte Landschaftsteile und geschützte Landschaftsbestandteile verändert werden, wenn der Zweck der Flurbereinigung es erfordert.

j) Grundstückverkehrsgesetz

Nach dem Gesetz bedarf die rechtsgeschäftliche Veräußerung von land- und forstwirtschaftlichen Grundstücken sowie von Moor- und Ödland, das in land- oder forstwirtschaftliche Kultur gebracht werden kann, der Genehmigung (§§ 1, 2). Die Genehmigung darf u. a. versagt werden, wenn die Veräußerung Maßnahmen zur Verbesserung der Agrarstruktur widerspricht, wenn räumlich und wirtschaftlich zusammenhängende Grundstücke unwirtschaftlich verkleinert würden oder wenn der Gegenwert in einem groben Mißverhältnis zum Wert des Grundstückes steht (§ 9 Abs. 1—3).

Zweck des Gesetzes ist die Verbesserung der Agrarstruktur und die Sicherung landwirtschaftlicher Betriebe. Mittelbar kann es jedoch auch Bodenschutz bewirken, indem es der Aufrechterhaltung der landwirtschaftlichen Produktionsgrundlage dient.

3. Planungsnormen

a) Raumordnungsgesetz

Das Gesetz nennt als Aufgabe und Ziele der Raumordnung u. a., das Bundesgebiet in seiner allgemeinen räumlichen Struktur einer Entwicklung zuzuführen, die der freien Entfaltung der Persönlichkeit in der Gemeinschaft am besten dient. Dabei sind die natürlichen Gegebenheiten — unter Einschluß des Bodens — sowie die wirtschaftlichen, sozialen und kulturellen Erfordernisse zu beachten (§ 1 Abs. 1). Zur Erreichung dieser Ziele enthält § 2 Grundsätze der Raumordnung, die vornehmlich an der Verbesserung, dem Ausgleich und der Erhaltung der Wirtschafts- und Sozialstruktur der Bundesrepublik Deutschland orientiert sind.

Belange des Umweltschutzes im weitesten Sinne sind in § 2 Abs. 1 Nr. 7 angesprochen: „Für den Schutz, die Pflege und die Entwicklung von Natur und Landschaft einschließlich des Waldes ... ist zu sorgen. Für die Reinhaltung des Wassers, die Sicherung der Wasserversorgung und für die Reinhaltung der Luft sowie für den Schutz der Allgemeinheit vor Lärmbelästigung ist ausreichend Sorge zu tragen." Der Boden ist — im Gegensatz zu den Umweltgütern Luft und Wasser — nicht ausdrücklich, sondern nur als Teil der Landschaft angesprochen.

In § 2 Abs. 1 Nr. 5 wird der Boden ausschließlich unter wirtschaftlichen Gesichtspunkten erwähnt. Danach sind die räumlichen Voraussetzungen dafür zu schaffen und zu sichern, daß die land- und forstwirtschaftliche Bedeutung als wesentlicher Produktionszweig der Gesamtwirtschaft erhalten bleibt. Für die landwirtschaftliche Nutzung gut geeignete Böden sind nur in dem unbedingt notwendigen Umfang für andere Nutzungsarten vorzusehen. Das gleiche gilt für forstwirtschaftlich genutzte Böden.

b) Bundesbaugesetz

In den Grundsätzen der Bauleitplanung (§ 1 Abs. 6) ist die Erhaltung des Bodens einschließlich der mineralischen Rohstoffvorkommen im 13. Tiret ausdrücklich angesprochen, während der Boden im übrigen als Teil der Landschaft, der Natur oder der Umwelt (8., 12. und 14. Tiret) angesprochen ist. Land- oder forstwirtschaftlich oder für Wohnzwecke genutzte Flächen sollen nur im notwendigen Umfang für andere Nutzungsarten vorgesehen und in Anspruch genommen werden (§ 1 Abs. 6 letzter Satz).

§ 1 Abs. 6 enthält darüber hinaus eine Vielzahl von Belangen, die bei der Bauleitplanung zu berücksichtigen sind, ohne etwas über ihre Gewichtung auszusagen. § 1 Abs. 7 verlangt allerdings eine gerechte Abwägung der öffentlichen und privaten Belange. Inwieweit die Erhaltung des Bodens dabei Berücksichtigung findet, ist jeweils im konkreten Fall durch die Gemeinden zu entscheiden, die durch zweckentsprechende Festlegung der zulässigen Nutzung auf den Flächen und Grundstücken bei der Bauleitplanung wesentlich zum Bodenschutz beitragen können.

In Korrespondenz zu den Grundsätzen der Bauleitplanung enthalten § 5 Regelungen über den Inhalt des Flächennutzungsplans und § 9 Vorschriften über den Inhalt des Bebauungsplans. Nach § 9 Abs. 1 Nrn. 1—26 setzt der Bebauungsplan, soweit erforderlich, nicht nur die bauliche Nutzung, sondern auch andere Nutzungen von Flächen fest, nach Nr. 20 enthält er Maßnahmen zum Schutz, zur Pflege und zur Entwicklung der Landschaft, soweit solche Festsetzungen nicht nach anderen Vorschriften getroffen werden können.

Eine unmittelbar bodenschützende Vorschrift enthält § 39. Danach ist Mutterboden, der bei der Errichtung und Änderung baulicher Anlagen sowie bei wesentlichen anderen Veränderungen der Erdoberflächen ausgehoben wird, in nutzbarem Zustand zu erhalten und vor Vernichtung oder Vergeudung zu schützen.

Die gemäß § 2 Abs. 8 erlassene Baunutzungsverordnung enthält für die Aufstellung der Bauleitpläne allgemeine Vorschriften insbesondere über Art und Maß der baulichen Nutzung, die Bauweise sowie die überbaubaren und nicht überbaubaren Grundstücksflächen. Konkrete Festsetzungen hierzu treffen die Gemeinden in ihren Bauleitplänen in eigener Verantwortung nach Maßgabe der Grundsätze der Bauleitplanung.

c) Bundesfernstraßengesetz

Das Gesetz enthält in § 9 Abs. 1 das Verbot, längs den Bundesfernstraßen Aufschüttungen oder Abgrabungen größeren Umfangs vorzunehmen.

Diese Regelung hat jedoch keine bodenschützende Zielrichtung, sondern dient dem Bestand der Fernstraßen sowie der Sicherheit und Leichtigkeit des Verkehrs.

Gemäß § 17 Abs. 1 sind bei der Planfeststellung für Bundesfernstraßen die von dem Vorhaben berührten öffentlichen und privaten Belange abzuwägen. Der Bodenschutz kann unter den Begriff der öffentlichen Belange subsumiert werden.

d) Bundeswasserstraßengesetz

Gemäß § 4 des Gesetzes sind bei der Verwaltung, dem Aus- und dem Neubau von Bundeswasserstraßen die Bedürfnisse der Landeskultur und der Wasserwirtschaft im Einvernehmen mit den Ländern zu wahren. Unter den Begriff „Landeskultur" fallen auch Maßnahmen zur Bodenerhaltung und Bodenverbesserung.

Im Planungsverfahren finden Belange des Bodenschutzes soweit Berücksichtigung, wie Belange der Raumordnung und Landesplanung es erfordern (§ 13 Abs. 2).

Die Planfeststellung ist u. a. zu versagen, wenn von dem Aus- oder Neubau eine Beeinträchtigung des Wohls der Allgemeinheit zu erwarten ist, die nicht durch Auflagen verhütet oder ausgeglichen werden kann. Der Bodenschutz kann unter den Begriff „Wohl der Allgemeinheit" subsumiert werden.

e) Bundesbahngesetz

§ 36 Abs. 1 Satz 2 des Gesetzes bestimmt, daß die Planfeststellung über neue oder über die Änderung von bestehenden Anlagen die Entscheidung über alle von der Planfeststellung berührten Interessen umfaßt. Dazu gehören auch Belange des Bodenschutzes.

f) Luftverkehrsgesetz

Gemäß § 7 des Gesetzes ist vor der Genehmigung eines Flugplatzes u. a. besonders zu prüfen, ob die geplante Maßnahme den Erfordernissen der Raumordnung und Landesplanung entspricht und ob die Erfordernisse des Naturschutzes und der Landschaftspflege angemessen berücksichtigt sind. Die Genehmigung eines Flughafens, der dem allgemeinen Verkehr dienen soll, ist außerdem zu versagen, wenn durch die Anlegung und durch den Betrieb des Flughafens die öffentlichen Interessen in unangemessener Weise beeinträchtigt werden. Der Bodenschutz kann unter den Betriff der öffentlichen Interessen subsumiert werden.

g) Telegraphenwegegesetz

Gemäß § 7 Abs. 2 Satz 3 des Gesetzes ist die jeweils zuständige Behörde rechtzeitig zu beteiligen und ihre Stellungnahme bei der Planfeststellung mitzuberücksichtigen, wenn durch das Planvorhaben öffentliche Belange berührt werden. Durch diese Regelungen können Belange des Bodenschutzes zur Geltung gebracht werden.

h) Landbeschaffungsgesetz

Gemäß § 1 Abs. 2 Satz 1 des Gesetzes ist die Landesregierung zu hören, wenn für Aufgaben der Verteidigung Land beschafft werden soll. Diese nimmt nach Anhörung der Gemeinde zu dem Vorhaben Stellung unter angemessener Berücksichtigung u. a. der Belange des Naturschutzes und der Landschaftspflege.

Gemäß § 16 Nr. 1a des Gesetzes dürfen Grundstücke nicht enteignet werden, die unter Denkmalschutz gestellt sind oder die Naturschutzgebiete, Nationalparks, Naturdenkmäler oder geschützte Landschaftsbestandteile im Sinne des Bundesnaturschutzgesetzes sind. Diese Regelung könnte Belangen des Bodenschutzes in dem angegebenen Umfang Geltung verschaffen.

II. Tabellarische Übersicht

Ausgewählter stofflicher Einwirkungen auf den Boden

Quelle:

Umweltbundesamt (1984) in Zusammenarbeit mit dem Bundesgesundheitsamt, der Bundesforschungsanstalt für Naturschutz und Landschaftsökologie, der Bundesforschungsanstalt für Landwirtschaft, der Biologischen Bundesanstalt für Land- und Forstwirtschaft und der Bundesanstalt für Geowissenschaften und Rohstoffe

1. Vorbemerkung

Die nachfolgenden Übersichten enthalten für 18 ausgewählte Stoffe (Elemente und Verbindungen)

Blei	Polychlorierte Biphenyle
Cadmium	Polycyclische arom. Kohlenwasserstoffe
Kupfer	
Nickel	Pentachlorphenol
Quecksilber	Chlorierte Dioxine und Dibenzofurane
Thallium	Trichlorethan/Perchlorethan
Arsen	
Schwefeldioxid/Sulfat	Paraquat/Deiquat
Stickoxid/Nitrat	Hexachlorcyclohexan
Streusalz/Chlorid	Hexachlorbenzol

tabellarische Kurzdarstellungen. Hierzu wurden jeweils die verfügbaren Informationen über Gehalt, Produktion, Verbrauch, Emission, Immission, Verhalten im Boden sowie Wirkungen dieser Stoffe über den Boden auf Mensch, Tier und Pflanze ausgewertet.

Eine abschließende Bewertung aller stofflicher Einwirkungen war in diesem Rahmen nicht möglich. Zum Teil sind die Angaben nicht repräsentativ für das Bundesgebiet, weil nur einzelne Meßergebnisse vorliegen oder die wissenschaftliche Interpretation von Meßergebnissen kontrovers ist. In Einzelfällen liegen den Angaben wegen fehlender oder nicht ausreichender Meßergebnisse Schätzungen bzw. Hochrechnungen zugrunde. Zugunsten einer knapp gefaßten Darstellung wurde auf Aussagen über spezifische Reaktionen und über das Verhalten einzelner Verbindungen im Boden verzichtet.

Soweit die Bedeutung der stofflichen Eigenschaften als gering, mittel oder hoch gekennzeichnet ist, soll die Relevanz bestimmter Einwirkungen verdeutlicht werden; eine Gesamtbewertung ist nicht beabsichtigt.

Andererseits können die zu den einzelnen Stoffen aufgeführten Angaben ganz überwiegend als gesichert gelten, so daß für diese Stoffe eine Problemübersicht unter Bodenschutzgesichtspunkten vorgelegt werden kann.

		Blei (Pb)
0.	Stoff/Verbindung/Trivialname	
1.	Natürliche Gehalte in Geo- und Biosphäre	16 mg/kg (mittlerer Gehalt der Erdkruste) 0,1—20 mg/kg (lufttr. Boden) 0,6—13 200 ng/m^3 (Luft) 0,1—5,0 mg/kg TS (Pflanze)
2.	Produktion/Verbrauch	351 000 (t/a)/333 000 (t/a) (1982)
2a.	Tendenz	etwa gleichbleibend
3.	Mengen in die Umwelt über Eintragspfade (t/a)	insgesamt ca. 5 635
	Abluft	4 545 (1980/81); Konzentration bis 30 µg/m^3 in Städten
	Abwasser, Schlämme	ca. 1 090 (Abwasser: 240; Klärschlamm: 850 (Kommunal: 400)
	Agrochemikalien	Anwendungsverbot von Pb-Verbindungen als Pflanzenschutzmittel-Wirkstoff seit 1974
	Sonstiges	diffuse Quellen
4a.	Eintrag auf die Fläche	183 g/ha · a (errechneter Wert) a) Staubniederschlag: 13—580 mg/m^2 · a (Industriegebiet) b) Staubniederschlag (1977/78) 24 mg/m^3 · a (unbelastetes Waldgebiet)

	lokal	regional	überregional
4b. Austrag (Grund-, Oberflächenwasser/Luft/Ernteentzug)	c) Gesamtdeposition: 14,6—620 mg/m².a 13—24 g/ha·a Sickerwasser, Solling (eine Angabe) 1—100 g/ha und Ernte, pH-abhängig		++ (Kfz-Emission)
5. Geographische Bedeutung[1]	n.b. ++ bis +++	++	
6. Verhalten im Boden[1] Persistenz Mobilität Anreicherung	+++ (nicht abbaubar) + bis ++ (pH-abhängig) ++ bis +++		
7. Pflanzenverfügbarkeit[1]	+ bis ++, pH-abhängig (steigt mit Pb-Gehalt des Bodens); wenig Aufnahme über die Wurzel		
8. Eingang in die Nahrung Aufnahme mit der Nahrung	ja 0,91 mg/Person·Woche (⌀ Wert)		
9. Wirkungscharakterisierung und -relevanz für den Menschen nach oraler Aufnahme (Boden/Nahrung)	relevant in Nahrungsmitteln insbesondere aus Ballungsräumen sowie aus Boden (-staub)		

9a. Toxikokinetik (Aufnahme, Verteilung, Metabolismus, Ausscheidung, Akkumulation)

Resorptionsrate bei Kindern höher als bei Erwachsenen; Blei wird hauptsächlich im Knochen gespeichert (90 bis 95 v. H. des Gesamt-Körperbleis beim Erwachsenen, 65 v. H. bei Kindern); der Rest ist im Blut, in der Leber, den Nieren etc. gebunden. $t^{1}/_{2}$ biologisch: Blut und weiche Gewebe: 3—4 w

Knochen: ca. 5 a

ADI-Wert

Provisional Tolerable Weekly Intake 3,5 mg/Person (70 kg), 50 µg/kg KG

9b. Spezielle Wirkungen

chronisch/akute Toxizität — Enzyminhibitor; neurotoxische Wirkungen

Kanzerogenität — nicht nachgewiesen

Mutagenität — nicht nachgewiesen

Teratogenität — nicht nachgewiesen

Fetotoxizität — Plazentapassage: ++

10a. Wirkungen (Ökotoxikologie) auf

Tier — insbesondere Wiederkäuer; Dosis letalis > 7 mg/kg Körpergewicht und Tag (Rind)

Pflanze — Einfluß auf das Artenspektrum und den Ertrag

Mikroorganismen — geringe Toxizität (Boden)
Toxizität steigt mit dem Pb-Gehalt des Bodens

10b.	Spezielles Verhalten in Organismen[1]	Hemmung der Aktivität von 5-Amino-Lävulinsäure-dehydratase
	Anreicherung im Lebewesen	+ bis ++ (Leber, Niere, Knochenmark, Skelett)
	Anreicherung in der Nahrungskette	++ (++ in Ballungsgebieten)
11.	Besondere Probleme bei der Analysemethodik/Meßtechnik	keine
12.	Besonderheiten	Flächendeckende Bodenuntersuchungen nicht vorhanden
		EG-weite Blut-Blei-Screening-Untersuchungen seit 1977.
		Lokale Anreicherung in Ballungsgebieten und an Hauptverkehrsstraßen

Regelungen:
TA Luft: 913 g/ha·a (umgerechnet)
KlärschlammV: 2000 g/ha·a
tolerierbarer Bodengehalt: 100 mg/kg (lufttr.)
DüngemittelV: 200 mg/kg (org.-min.-Mischdünger)
TrinkwasserV: 0,04 mg/l
FuttermittelV: 5—40 mg/kg

+ gering
++ mittel
+++ hoch

[1] n.b. = nicht bekannt oder keine Angaben vorhanden

Cadmium (Cd)

0. Stoff/Verbindung/Trivialname	
1. Natürliche Gehalte in Geo- und Biosphäre	0,13 mg/kg (mittlerer Gehalt der Erdkruste) 0,1—1 mg/kg (lufttr. Boden) 0,05—0,2 mg/kg TS (Pflanze)
2. Produktion/Verbrauch	Produktion (1980) 1 194 t; (1982) 1 030 t Verarbeitung 3 441 t (1980)/Inlandsverbrauch: (1980) 1 946 t; (1982) 1 502 t
2a. Tendenz	weitgehend gleichbleibend
3. Mengen in die Umwelt über Eintragspfade (t/a)	
Abluft	186—235
Abwasser, Schlämme	30—40 (1981); 79
Agrochemikalien	66 (1980); ca. 20 (incl. Klärschlamm: 5) (1982) ca. 45 (1979) (P-Dünger), 20 (1982); Anwendungsverbot von Cd-Verbindungen als Pflanzenschutzmittel-Wirkstoff seit 1974
Sonstiges	ca. 5, diffuse Quellen
4a. Eintrag auf die Fläche	3,6 g—108 g/ha·a (ländliches Gebiet — Ballungsgebiet) 0,4 bis 3 mg/m²·a kurzzeitig: 36—100 mg/m²·a (Emittentennähe)

		lokal	regional	überregional
4b.	Austrag (Grund, Oberflächenwasser/Luft/Ernteentzug)	1—26 g/ha · a (standortabhängig, Sickerwasser) 1—3 g/ha und Ernte (max. 8 g/ha und Ernte)		
5.	Geographische Bedeutung[1]	++ bis +++	+ bis ++	+
6.	Verhalten im Boden[1] Persistenz Mobilität Anreicherung	+++ (nicht abbaubar) + bis ++ (pH-abhängig) +++ (besonders in oberen Bodenhorizonten)		
7.	Pflanzenverfügbarkeit[1]	++ bis +++ (über die Wurzel, pH-abhängig)		
8.	Eingang in die Nahrung Aufnahme mit der Nahrung	ja 0,284 mg/Person·Woche (∅ Wert)		
9.	Wirkungscharakterisierung und -relevanz für den Menschen nach oraler Aufnahme (Boden/Nahrung)	Relevant, da über die Nahrung aufgenommen (insbesondere in Ballungsgebieten)		

9a. Toxikokinetik (Aufnahme, Verteilung, Metabolismus, Ausscheidung, Akkumulation)	Resorption kann bei Eisen-, Vitamin D- und Ca-Mangel erhöht sein. Langfristige Akkumulation, Spätfolgen. Kritische Cd-Konzentration: ca. 200 μg Cd/g in Nierenrinde (FG). $t_{1/2}$ biolog.: = 10—30 a. Mögliche Plazentaschädigung.
ADI-Wert	n.b.
Provisional Tolerable Weekly Intake	0,525 mg/Person (70 kg), 7 μg/kg KG
9b. Spezielle Wirkungen	
chronisch/akute Toxizität	letale Dosis: 30 mg (lösl. Salze)
Kanzerogenität	$CdCl_2$-Aerosol nachgewiesen (Tierversuch, Langzeit-Inhalation)
Mutagenität	nach hohen injizierten Dosen (Tierversuch)
Teratogenität	Plazentaschädigung möglich
Fetotoxizität	n.b.
10a. Wirkungen (Ökotoxikologie) auf	
Tier	Toxizität bei Fischen: mittel; LC_{50} für Forelle: oberhalb 10 μg/l (50 Tage)
Pflanze	artspezifisch, Wachstumsminderung ab 3 mg/kg Boden
Mikroorganismen	z. T.: Hemmung der Mineralisationsrate; Toxizität im Boden nachweisbar ab 3 mg/kg Boden

10b. Spezielles Verhalten in Organismen[1]	
Anreicherung im Lebewesen	++ bis +++ (Meerestiere, Pilze)
Anreicherung in der Nahrungskette	++ bis +++
11. Besondere Probleme bei der Analysemethodik/Meßtechnik	keine
12. Besonderheiten	Flächendeckende Bodenuntersuchungen fehlen
	Gefährdung in Ballungsgebieten, Emittentennähe.
	Regelungen:
	TA Luft: 18,2 g/ha·a (umgerechnet)
	KlärschlammV: 33,3 g/ha·a
	tolerierbarer Bodengehalt: <3 mg/kg (lufttr.)
	DüngemittelV: 4 mg/kg (org.-min.-Mischdünger)
	TrinkwasserV: 0,006 mg/l

[1] + gering
++ mittel
+++ hoch

n.b. = nicht bekannt oder keine Angaben vorhanden

Kupfer (Cu)

0. Stoff/Verbindung/Trivialname	
1. Natürliche Gehalte in Geo- und Biosphäre	47 mg/kg (mittlerer Gehalt der Erdkruste) 1—20 mg/kg (lufttr. Boden) Landpflanzen: 5—15 mg/kg TS Pflanze: 1—15 mg/kg TS
2. Produktion/Verbrauch	Bergwerksproduktion: 1 200 t/a (1983) Hüttenproduktion: 159 100 t/a (1983) Raffinade-Produktion: 420 300 t/a (1983) errechneter Verbrauch (1983): 737 000 t; Gesamtverbrauch: 987 800 t (incl. Schrott) (1983)
2a. Tendenz	Produktion: gleichbleibend Verbrauch: leicht steigend
3. Mengen in die Umwelt über Eintragspfade (t/a)	insgesamt ca. 9 000
Abluft	n.b. (5 850; errechnet aus ⌀ Deposition)
Abwasser, Schlämme	ca. 500 (nur Oberflächengewässer)
Agrochemikalien	ca. 700 (Dünger); Einsatz im Wein- und Hopfenanbau Pflanzenschutzmittel < 100
Sonstiges	Klärschlamm: ⌀ 267 mg/kg (1981) = ca. 480 t Siedlungsabfälle im Weinbau Gülle insgesamt: ca. 1 900

4a. Eintrag auf die Fläche	Freiland-Niederschlag: ⌀ 350 g/ha·a (Gesamtdeposition; Solling) ⌀ 236 g/ha·a (November 1974 bis April 1979)
4b. Austrag (Grund-, Oberflächenwasser/Luft/Ernteentzug)	mit Sickerwasser: 106—110 g/ha·a (Buche, Fichte; Solling) mit Sickerwasser: 22 g/ha·a aus unkontaminiertem Boden (Gehalt: 7,5 mg/kg) 30—150 g/ha und Ernte

	lokal	regional	überregional
5. Geographische Bedeutung[1]	+++	+ bis ++ (in Wein- und Hopfengärten)	n.b.

6. Verhalten im Boden[1]	
Persistenz	+++ (nicht abbaubar)
Mobilität	+ (erhöhte Mobilität bei < pH 4 und > pH 7)
Anreicherung	+++
7. Pflanzenverfügbarkeit[1]	++
8. Eingang in die Nahrung	Der Eingang in die Nahrung deckt im allgemeinen den Bedarf des Menschen von 2,5 bis 5,8 mg/Tag·Person
Aufnahme mit der Nahrung	bis zu 100 mg/d

9.	Wirkungscharakterisierung und -relevanz für den Menschen nach oraler Aufnahme (Boden/Nahrung)	Kupfer ist für den Menschen essentiell. Die mit der Nahrung aufgenommene Cu-Menge wird nur zu einem geringen Teil resorbiert (0,5—6 mg/d)
9a.	Toxikokinetik (Aufnahme, Verteilung, Metabolismus, Ausscheidung, Akkumulation)	Kupfersulfat: letale Dosis > 8 g; $t\ ^{1}/_{2}$ biolog.: 4 w
	ADI-Wert	30 µ/kg KG
	Provisional Tolerable Weekly Intake	n.b.
9b.	Spezielle Wirkungen chronisch/akute Toxizität	0,1 mg/m^3 (Kupferstaub) kann zu „metal-fume-fever" führen. Symptome verschwinden innerhalb von 24 h
	Kanzerogenität	n.b.
	Mutagenität	n.b.
	Teratogenität	n.b.
	Fetotoxizität	n.b.
10a.	Wirkungen (Ökotoxikologie) auf	
	Tier	Cu für alle Organismen essentiell (Bestandteil des Blutes (Hämocyanin) bei Mollusken und Meereskrebsen). Toxische Wirkung bei Schafen möglich.

	Pflanze	Plastocyanin (in den Chloroplasten) fördert die Chlorophyllbildung. Wachstumshemmung bei Weizenkeimlingen (Nährlösung, Wurzel); toxisch: 0,5—8 g/l (Algen)
	Mikroorganismen	Hemmung mikrobieller Umsetzung: > 0,5 mg/l Toxizität im Boden nachweisbar ab 20 mg Cu/kg Boden
10b.	Spezielles Verhalten in Organismen	
	Anreicherung im Lebewesen	Gehalte in höheren Lebewesen sehr unterschiedlich
	Anreicherung in der Nahrungskette	Anreicherung bei vielen Pflanzen, überwiegend in der Wurzel
11.	Besondere Probleme bei der Analysemethodik/Meßtechnik	keine
12.	Besonderheiten	Klärschlamm V: 2000 g/ha·a tolerierbare Bodengehalte: 100 mg/kg (lufttr.) Toleranz-Grenzwert in Pflanzen: ca. 15—20 ppm; Höchstgehalte in Tierfutter: 20—175 ppm Cu-Anreicherung in aquat. Ökosystemen Düngemittel V: 200 mg/kg (org.-min.-Mischdünger)

[1] + gering
    ++ mittel
    +++ hoch

n.b. = nicht bekannt oder keine Angaben vorhanden

Nickel (Ni)

0.	Stoff/Verbindung/Trivialname	
1.	Natürliche Gehalte in Geo- und Biosphäre	58 mg/kg (mittlerer Gehalt der Erdkruste) 5—50 mg/kg (lufttr. Boden) 0,4—3 mg/kg TS (Pflanze)
2.	Produktion/Verbrauch	Keine / 57 800 t/a (1982) / 63 000 t/a (1983)
2a.	Tendenz	etwa gleichbleibend
3.	Mengen in die Umwelt über Eintragspfade (t/a)	insgesamt ca. 1 250
	Abluft	670 (errechnet aus Ø Deposition)
	Abwasser, Schlämme	500
	Agrochemikalien	keine Verwendung
	Sonstiges	Klärschlämme: ca. 120 Hafenschlämme: n. b.
4a.	Eintrag auf die Fläche	Mittelwert: 55 g/ha·a (Nordrhein-Westfalen, Hessen) 26 g/ha·a (Freiland-Niederschlag; Gesamtdeposition, Solling) 32,8 (Berlin-Dahlem) bis 255 g/ha·a (Hamburg) 26—29 g/ha·a (Ni-Eintragung mit Niederschlägen, industrieferne Gebiete)

4b. Austrag
(Grund-, Oberflächenwasser/Luft/Ernteentzug)

Sickerwasseraustrag: 17—63 g/ha·a
Entzug durch Kulturpflanzen: 1—50 g/ha·a
10—30 g/ha und Ernte

	lokal	regional	überregional
	++	n.b.	++ n.b.
	(Klärschlamm, Baggergut; s. 3.)		

5. Geographische Bedeutung[1]

6. Verhalten im Boden[1]
   Persistenz   +++ (nicht abbaubar)
   Mobilität   + (pH-abhängig)
   Anreicherung   ++ bis +++

7. Pflanzenverfügbarkeit[1]   + bis ++, (steigt mit abnehmendem pH-Wert) (je nach geogener oder anthropogener Herkunft starke Unterschiede)

8. Eingang in die Nahrung

Nickel ist essentielles Element für Ratten, Hühner und Schweine. Es ist anzunehmen, daß auch der Mensch eine geringe Menge an Nickel benötigt.

Aufnahme des Menschen über:
Atemluft   ca. 0,5 µg/d
Trinkwasser   ca. 10 µg/d
Nahrung   300—600 µg/d

Aufnahme der Nahrung:

9. Wirkungscharakterisierung und -relevanz für den Menschen nach oraler Aufnahme (Boden/Nahrung)	Die Ausscheidung über den Urin erfolgt relativ schnell.
9a. Toxikokinetik (Aufnahme, Verteilung, Metabolismus, Ausscheidung; Akkumulation)	Die HWZ von inhaliertem Nickeloxid beträgt beim Menschen ca. 30—40 Tage. Unlösliche Verbindungen werden länger zurückgehalten als lösliche. Eine relevante Anreicherung von Nickel in Niere, Leber und Lunge findet nicht statt.
ADI-Wert	n.b.
Provisional Tolerable Weekly Intake	n.b.
9b. Spezielle Wirkungen chronisch/akute Toxizität	Allergien beim Tragen von Ni-Schmuck; Nickelcarbonyl ist akut toxisch. Intoxikationen durch oral aufgenommene anorg. Ni-Verbindungen sind nicht bekannt.
Kanzerogenität	Dämpfe und Stäube gelten als kanzerogen. Schwerlösliche Ni-Verbindungen erzeugen Lungen- und Nasenhöhlenkrebs.
Mutagenität	n.b.
Teratogenität	n.b.
Fetotoxizität	n.b.

Tier		Orale Resorption und Retention sind gering (Warmblüter). Fischtoxizität nicht bekannt.
Pflanze		Pflanzenschäden auf Standorten mit hohem anthropogenen Ni-Gehalt (bis 250 mg/kg austauschbares Nickel; Serpentin-Böden: kaum); Ni für Pflanzen nicht essentiell.
Mikroorganismen		Im Boden für Nitrifikation toxisch > 50 mg/kg Boden
10b. Spezielles Verhalten in Organismen		
Anreicherung im Lebewesen		Anreicherung in Kiefernnadeln, Birkenblättern und auch Teeblättern
Anreicherung in der Nahrungskette		Anreicherung in vegetativen Pflanzenteilen
11. Besondere Probleme bei der Analysemethodik/Meßtechnik		n.b.
12. Besonderheiten		keine
	Ertrags-Grenzwert:	20—30 ppm in den Pflanzen
	Toxizitäts-Grenzwerte für Tierfutter:	50—60 ppm
	Klärschlamm V:	333 g/ha · a
	tolerierbarer Bodengehalt:	50 mg/kg (lufttr.)
	DüngemittelV:	30 mg/kg (org.-min. Mischdünger)

[1])
+ gering
++ mittel
+++ hoch

n.b. = nicht bekannt oder keine Angaben vorhanden

Quecksilber (Hg)

0.	Stoff/Verbindung/Trivialname	
1.	Natürliche Gehalte in Geo- und Biosphäre	0,083 mg/kg (mittlerer Gehalt der Erdkruste)
		0,01—1 mg/kg (lufttr. Boden)
		<0,01 µg/m^3 (Luft)
		0,005—0,01 mg/kg TS (Pflanze)
2.	Produktion/Verbrauch	356 t/a (1979)/685 t/a (1979)
2a.	Tendenz	leicht steigend (1977—1979)
3.	Mengen in die Umwelt über Eintragspfade (t/a)	
	Abluft	insgesamt ca. 169 (Luft), 1982
	Abwasser, Schlämme	119—154 (1976)
	Agrochemikalien	13,2 (1976)
		Anwendungsverbot von Hg-Verbindungen als Pflanzenschutzmittel-Wirkstoff seit 1981
	Sonstiges	Klärschlamm, Beizmittel (Lederindustrie)
4a.	Eintrag auf die Fläche	ca. 7 g/ha·a (errechneter Durchschnittswert)
4b.	Austrag (Grund-, Oberflächenwasser/Luft/Ernteentzug)	0,2 g/ha·a Sickerwasseraustrag (eine Angabe)
		0,5 g—1,5 g/ha und Ernte, Ausdampfen aus dem Boden: 0,5—3 g/ha·a

		lokal	regional	überregional
5.	Geographische Bedeutung[1]	++ bis +++	++ bis +	+ bis ++
6.	Verhalten im Boden[1]	(z. B. Aschenplätze) (industr. Beizmittel/Luft) Fähigkeit des Übertritts in die Dampfphase s. 4 b.		
	Persistenz	++ bis +++		
	Mobilität	+		
	Anreicherung	+ bis ++		
7.	Pflanzenverfügbarkeit[1]	+ bis ++ (Ausnahme: Pilze +++) +++ (lokal: bis 9,4 mg/kg TS)		
8.	Eingang in die Nahrung	vorhanden		
	Aufnahme mit der Nahrung	0,063 mg/Woche, Person (70 kg) (∅ Wert)		
9.	Wirkungscharakterisierung und -relevanz für den Menschen nach oraler Aufnahme (Boden/Nahrung)	Hg-Verbindungen werden vom Menschen mit der Nahrung aufgenommen. LD_{50}: 150—300 mg; $(CH_3)_4Hg_2$: 0,3 mg toxisch; Sublimat $HgCl_2$: letale Dosis $>0,2$ g		

9a. Toxikokinetik (Aufnahme, Verteilung, Metabolismus, Ausscheidung, Akkumulation)	Methyl-Hg wird im Darm nahezu vollständig resorbiert. Biolog. $t_{1/2}$: 70 d. Hohe Anreicherung in Niere und Gehirn. Vergiftungen führen zu Nerven- und Nierenschäden und psychischen Störungen. Akute Vergiftungen können durch Einatmen von elementarem Hg-Dampf auftreten
ADI-Wert	n.b.
Provisional Tolerable Weekly Intake	0,35 mg/Person (70 kg); Hg-ges. 5 µg/kg KG davon 3,3 µg/kg KG als Methyl-Hg
9b. Spezielle Wirkungen	
chronisch/akute Toxizität	evtl. ZNS-Ausfälle, Nierenstörungen u. a.
Kanzerogenität	n.b.
Mutagenität	n.b.
Teratogenität	n.b.
Fetotoxizität	Methyl-Hg
10a. Wirkungen (Ökotoxikologie) auf	
Tier	LD_{50}: 10—40 mg/kg KG (anorg.; Warmbl.)
Pflanze	phytotoxisch in sehr hohen Dosen (> 200 mg/kg Boden)
Mikroorganismen	fungizide Wirkung (Enzymhemmung) im Boden ab 5 µmol Hg II/g Boden

10b.	Spezielles Verhalten in Organismen[1]	
	Anreicherung im Lebewesen	+++ (je nach Bindungsform, aquat. Milieu)
	Anreicherung in der Nahrungskette	steigend mit der Trophieebene (Methyl-Hg)
11.	Besondere Probleme bei der Analysemethodik/Meßtechnik	keine
12.	Besonderheiten	Anwendungsbeschränkungen in vielen Bereichen Minamata-Krankheit in Japan

Regelungen:
KlärschlammV: 41,7 g/ha·a
tolerierbarer Bodengehalt: <2 mg/kg (lufttr.)
DüngemittelV: 4 mg/kg (Org.-Min.-Dünger)
TrinkwasserV: 0,004 mg/l
FuttermittelV: 0,1—0,5 mg/kg

[1]
\+ gering
++ mittel
+++ hoch

n.b. = nicht bekannt oder keine Angaben vorhanden

Thallium (Tl)

0.	Stoff/Verbindung/Trivialname	
1.	Natürliche Gehalte in Geo- und Biosphäre	1 mg/kg (mittlerer Gehalt der Erdkruste) 0,01—0,5 mg/kg (lufttr. Boden) < 1 mg/kg TS. (Pflanze) 0,03—0,5 mg/kg TS (Pflanze)
2.	Produktion/Verbrauch	4—5 t/a Inlandverbleib: ca. 20 v. H.; Export: ca. 80 v. H., n.b.
2a.	Tendenz	n. b.
3.	Mengen in die Umwelt über Eintragspfade (t/a)	
	Abluft	insgesamt ca. 27,4—64 (errechneter Wert)
	Abwasser, Schlämme	n.b. (ca. 27,2 bis 63,4 (errechneter Wert aus 4a.))
	Agrochemikalien	n.b.
		n.b. (Ködergift, Tl_2SO_4); Tl-sulfat darf als Pflanzenschutzmittel-Wirkstoff seit 1982 nur noch in geschlossenen Räumen angewendet werden.
	Sonstiges	Lagermetalle, Pigmente, Galvanotechnik, Feuerungsanlagen, Eisen- und Stahlindustrie, Fällschlämme
4a.	Eintrag auf die Fläche	1 095 g/ha·a bis 2,56 g/ha·a (ländliche, abgelegene Gebiete — ⌀ Wert) Umgebung Zementwerke: 4,38—18,9 g/ha·a

		lokal	regional	überregional
4b.	Austrag (Grund-, Oberflächenwasser/Luft/Ernteentzug)	n. b.		
		Tl-Entzug durch Nutzpflanzen aus verschiedenen Böden: < 1 bis 3 v. H. des Tl-Vorrats im Boden pro Jahr		
5.	Geographische Bedeutung[1]	+++	+ bis ++	+
6.	Verhalten im Boden[1]			
	Persistenz	+++ (nicht abbaubar)		
	Mobilität	++ bis +++		
	Anreicherung	++ bis +++ (lokal)		
7.	Pflanzenverfügbarkeit[1]	+ (geogenes Tl)		
		++ bis +++ (besonders Cruziferen scheinen anthropogenes Tl bevorzugt aufzunehmen; artspezifisch — ebenso Kohl und Kohlrabi)		
8.	Eingang in die Nahrung	Eingang in die Nahrung insbesondere in Form leicht löslicher Salze		
	Aufnahme mit der Nahrung	n. b.		

9.	Wirkungscharakterisierung und -relevanz für den Menschen nach oraler Aufnahme (Boden/Nahrung)	Vom Menschen werden Thalliumverbindungen in starkem Maße aus dem Magen-Darm-Kanal resorbiert und gelangen so in den Blutkreislauf. Nur ein geringer Teil kann über die Niere mit dem Urin ausgeschieden werden. Thallium-I-Ionen werden in Körperzellen akkumuliert. Die Anreicherung kann aufgrund der zytotoxischen Eigenschaften Gesundheitsschäden hervorrufen.
9a.	Toxikokinetik (Aufnahme, Verteilung, Metabolismus, Ausscheidung, Akkumulation)	Tl gelangt rasch ins Gewebe. Anreicherung im Nierengewebe, Herzmuskel etc. Tl passiert die Hirn-Liquor-Schranke. Tl passiert die Plazentaschranke. biolog. $t_{1/2}$: 25—30 d; oberer Grenzwert: 10 µg Tl/l Urin
	ADI-Wert Provisional Tolerable Weekly Intake	14 µg/Person (70 kg); USA: 36 µg n.b.
9b.	Spezielle Wirkungen	
	chronisch/akute Toxizität	letale Dosis: 8 mg/kg KG
	Kanzerogenität	n.b.
	Mutagenität	im tierexperimentellen Versuch
	Teratogenität	im tierexperimentellen Versuch
	Fetotoxizität	ja

Tier	Wirkungen auf das periphere- und ZNS nachgewiesen. In Gewässern: gonadotoxisch, embryotoxisch, mutagen, kumulierend; max. Konz.: 0,1 µg/l
Pflanze	Geringe Konzentration schädigen die Pflanze
Mikroorganismen	n.b.
10b. Spezielles Verhalten in Organismen Anreicherung im Lebewesen	Aufgrund der hohen Persistenz im Boden können Pflanzen sowie Mensch und Tier über die Nahrungskette nach längerer Belastung auch mit nur relativ niedrigen Thalliumkonzentrationen geschädigt werden.
Anreicherung in der Nahrungskette	z. T. außerordentlich hohe Akkumulationsfähigkeit für Pflanzen, artspezifisch, besonders Cruziferen (z. B. Raps) und Kohl sowie Kohlrabi
11. Besondere Probleme bei der Analysemethodik/Meßtechnik[1]	+
12. Besonderheiten	Richtwert (BGA): 0,2 mg/kg FS (Pflanze) MAK (1983) 0,1 mg/m^3 Ertragsgrenzwert-Pflanzen: 20—30 ppm Toxizitätsgrenzwert-Tierfutter: 1—5 ppm Regelungen: TA-Luft: 36,4 g/ha·a (umgerechnet)

[1] + gering
++ mittel
+++ hoch

n.b. = nicht bekannt oder keine Angaben vorhanden

Arsen (As)

0. Stoff/Verbindung/Trivialname	**Arsen (As)**
1. Natürliche Gehalte in Geo- und Biosphäre	1,7 mg/kg (mittlerer Gehalt der Erdkruste) 0,1—20 mg/kg (lufttr. Boden), ⌀ 6 mg/kg 0,1—1,0 mg/kg TS (Pflanze)
2. Produktion/Verbrauch	250 t/a / 1 000 t/a (1979)
2a. Tendenz	n.b.
3. Mengen in die Umwelt über Eintragspfade (t/a)	
Abluft	wenige hundert Tonnen
Abwasser, Schlämme	0,1—1 mg/l, ⌀ <8,6 mg/kg
Agrochemikalien	Anwendungsverbot von Arsenverbindungen als Pflanzenschutzmittel-Wirkstoff seit 1974
Sonstiges	Düngemittel (Rohphosphate), Klärschlamm (Verunreinigungen)
4a. Eintrag auf die Fläche	1,8—365 g/ha·a (Belastungsgebiete, Staubniederschlag); 1,8—3,7 g/ha·a (vereinzelt: 7,3 g/ha·a Emittennähe)

4b.	Austrag (Grund-, Oberflächenwasser/Luft/Ernteentzug)	1—55 g/ha·a Ernte; ⌀ 15,8 g/ha·a und Ernte	
5.	Geographische Bedeutung[1]	lokal	regional	überregional
		++	+	+
6.	Verhalten im Boden[1]	kann in flüchtige Verbindungen umgesetzt werden	
	Persistenz	++ bis +++ (als Element nicht abbaubar)	
	Mobilität	++	
	Anreicherung	++ bis +++	
7.	Pflanzenverfügbarkeit[1]	++ bis +++	
8.	Eingang in die Nahrung	gegeben	
	Aufnahme mit der Nahrung	1,0—1,3 mg/Person·Monat	
9.	Wirkungscharakterisierung und -relevanz für den Menschen nach oraler Aufnahme (Boden/Nahrung)	Wirkungsrelevanz besteht bei Aufnahme von Arsentrioxid LD_{50}: 100—300 mg toxisch (AsH_3): 5—50 mg	

9a. Toxikokinetik (Aufnahme, Verteilung, Metabolismus, Ausscheidung, Akkumulation)	Arsen wird im gesamten Organismus verteilt. Höchste Konzentration in Fingernägeln, Haar und Haut. Biolog. $t_{1/2}$: 10—30 h
	Methylierung von anorganischem Arsen „in vivo" für Mensch und Tier nachgewiesen (Dimethylarsinsäure und Methylarsonsäure
ADI-Wert	n.b.
Provisional Tolerable Weekly Intake	s. 9
9b. Spezielle Wirkungen	
chronisch/akute Toxizität	nachgewiesen
Kanzerogenität	bekannt
Mutagenität	bekannt
Teratogenität	n.b.
Fetotoxizität	
10a. Wirkungen (Ökotoxikologie) auf	
Tier	1—45 mg/l: Tox. Bereich für Wasserorganismen
Pflanze	phytotoxisch (Wirkung von der chem. Form abhängig) oberhalb 20 mg/kg
Mikroorganismen	vorhanden

10b.	Spezielles Verhalten in Organismen	
	Anreicherung im Lebewesen	von Wasserorganismen zu weniger toxischen org. Arsenverbindungen metabolisiert und angereichert
	Anreicherung in der Nahrungskette	n.b.
11.	Besondere Probleme bei der Analysemethodik/Meßtechnik	keine
12.	Besonderheiten	Ertragsgrenzwert-Pflanze: 10—20 ppm FuttermittelV: 2—10 mg/kg

[1]) + gering
++ mittel
+++ hoch

n.b. = nicht bekannt oder keine Angaben vorhanden

Schwefeldioxid (SO$_2$)

0. Stoff/Verbindung/Trivialname	
1. Natürliche Gehalte in Geo- und Biosphäre	Schwefelanteil an Erdrinde (bis 16 km Tiefe): ca. 0,06 Gew.-%; 470 mg/kg
2. Produktion/Verbrauch	/.
2a. Tendenz	Emission: abnehmend (Bundesrepublik Deutschland) zunehmend (global)
3. Mengen in die Umwelt über Eintragspfade (t/a)	
Abluft	SO$_2$-Emission der Bundesrepublik (1982): 3,0 Mio., anschließende Umwandlung zu Schwefelsäure/Sulfat
Abwasser, Schlämme	/.
Agrochemikalien	/.
Sonstiges	/.
4a. Eintrag auf die Fläche	aus der Luft 13—150 kg/ha·a sonst stark schwankend (Mineraldünger, Bewässerung für Frage der Bodenversauerung aber irrelevant)

		lokal	regional	überregional
4b.	Austrag (Grund-, Oberflächenwasser/Luft/Ernteentzug)	insgesamt 200—360 kg/ha·a (SO_4)		
5.	Geographische Bedeutung[1])	++	++ bis +++ (Waldschäden)	+++
6.	Verhalten im Boden[1])			
	Persistenz	+		
	Mobilität	++		
	Anreicherung	+		
7.	Pflanzenverfügbarkeit[1])	+++		
8.	Eingang in die Nahrung	Durch pflanzliche Nahrungsmittel (gilt für Sulfat)		
	Aufnahme mit der Nahrung	./.		
9.	Wirkungscharakterisierung und -relevanz für den Menschen nach oraler Aufnahme (Boden/Nahrung)	keine, Schwefel ist ein essentielles Element ./.		

9a. Toxikokinetik (Aufnahme, Verteilung, Metabolismus, Ausscheidung, Akkumulation)	als Aerosol, nach Dissoziation systemische Wirkung (ATP-Abbau) bei fehlender Sulfitoxidase
ADI-Wert	./.
Provisional Tolerable Weekly Intake	./.
9b. Spezielle Wirkungen	
chronisch/akute Toxizität	(eingeatmete Sulfat/Schwefelsäureaerosole können Schäden im Atmungssystem auslösen)
Kanzerogenität	n.b.
Mutagenität	strittig
Teratogenität	strittig
Fetotoxizität	n.b.
10a. Wirkungen (Ökotoxikologie) auf	
Tier	Bei langandauernder Einwirkung höherer SO_2-Konzentrationen histologisch nachweisbare Lungengewebsveränderungen.
Pflanze	Bei hohen Konzentrationen sichtbare Schäden. Bei Sulfatanreicherung: Seneszens, Blattfall, Nekrosen.
Mikroorganismen	Relativ unempfindlich (unzureichend untersucht)

10b. Spezielles Verhalten in Organismen		
Anreicherung im Lebewesen	keine	
Anreicherung in der Nahrungskette	keine	
11. Besondere Probleme bei der Analysemethodik/Meßtechnik	keine	
12. Besonderheiten	SO_4^{2-} ist das Anion der in der Atmosphäre aus SO_2 entstehenden Schwefelsäure, die wesentlich zur Übersäuerung der Niederschläge beiträgt. Diese wird als eine wichtige Ursache für die vielfach beobachtete Versauerung insbesondere von Waldböden angesehen.	

[1])   + gering
    ++ mittel
    +++ hoch

n.b. = nicht bekannt oder keine Angaben vorhanden

Nitrat-Stickstoff (NO_3^-–N)

0.	Stoff/Verbindung/Trivialname	
1.	Natürliche Gehalte in Geo- und Biosphäre	3 000—10 000 kg N/ha (Krume, 20 cm) > 20 000 kg N/ha (Auenböden, Moorflächen) (derzeit festgestellte Gehalte), natürliche Gehalte: n.b.
2.	Produktion/Verbrauch	0,985 Mio·t-N-Handels-/1,465 Mio.·t-N-Handelsdünger /1,26 Mio.·t-N-Wirtschaftsdünger (jeweils 1982/83), davon 878 460 t-N-Stalldünger ohne Jauche, Gründüngung und Stoppelrückstände (1981/82)
2a.	Tendenz	leicht fallend
3.	Mengen in die Umwelt über Eintragspfade (t/a)	insgesamt ca. 3,328 Mio. (N) (Mineraldünger, Wirtschaftsdünger, Abwasser, Niederschläge)
	Abluft	ca. 123 000 (N)—251 000 (N) (errechnet aus 4a.)
	Abwasser, Schlämme	ca. 274 000 (N) (incl. Klärschlamm)
	Agrochemikalien	ca. 1,5 Mio. (N)
	Sonstiges	Wirtschaftsdünger: ca. 1,26 Mio. (N) sonstige Abfälle: ca. 94 000 (N)

4a.	Eintrag auf die Fläche		⌀ 238 kg (N)/ha·a landwirtschaftlich genutzte Fläche (12,1 Mio. ha) ohne sonstige Abfälle; (⌀ Abluft) ca. 1—3 mg (N)/m²·d (Gesamt-Deposition) 1,36—2,78 mg (N)/m²·d (feuchte und trockene Nitrat-Depos.)
4b.	Austrag (Grund-, Oberflächenwasser/Luft/Ernteentzug)		Grundwasser: 5— 25 kg/ha·a Luft: 10— 40 kg/ha·a Ernte: 80—400 kg/ha·a (selten)

		lokal	regional	überregional
5.	Geographische Bedeutung[1]	+++	++ bis +++	+
6.	Verhalten im Boden[1]			
	Persistenz	Denitrifikation, Amonifikation (bis >300 kg/ha·a)		
		+		
	Mobilität	+++ (NO_3^--N)		
	Anreicherung	++ bis +++		
7.	Pflanzenverfügbarkeit[1]	+++ (NO_3^-N)		
8.	Eingang in die Nahrung	gegeben (Nahrung, Trinkwasser)		
	Aufnahme mit der Nahrung	ernährungsspezifisch, z. B. 30—40 mg/Person und Tag (Gemüse, Obst)		

9.	Wirkungscharakterisierung und -relevanz für den Menschen nach oraler Aufnahme (Boden/Nahrung)	Relevant in Lebensmitteln und Trinkwasser. Gefährdungspotential besonders für Kleinkinder.
9a.	Toxikokinetik (Aufnahme, Verteilung, Metabolismus, Ausscheidung, Akkumulation)	Umsetzung im Körper zu Nitrit; Nitrosaminbildung, Methämoglobinämie (bes. relevant für Säuglinge bis ca. 3. Lebensmonat)
	ADI-Wert Provisional Tolerable Weekly Intake	<200 mg/Person·d (Empfehlung, WHO)
		n.b.
9b.	Spezielle Wirkungen	
	chronisch/akute Toxizität	LD_{100}: 30—35 g/kg KG
	Kanzerogenität	ja, über Nitrosaminbildung
	Mutagenität	nein
	Teratogenität	strittig
	Fetotoxizität	n.b.
10a.	Wirkungen (Ökotoxikologie) auf	
	Tier	akut 3—7 g/kg (Ratte) $\widehat{=}$ LD_{50}
	Pflanze	n.b.
	Mikroorganismen	im Boden gering

10b. Spezielles Verhalten in Organismen[1]	
Anreicherung im Lebewesen	Pflanze: ++ bis +++
Anreicherung in der Nahrungskette	n.b.
11. Besondere Probleme bei der Analysemethodik/Meßtechnik	keine
12. Besonderheiten	Qualitätsbeeinflussungen möglich (Pflanze)
	Vergiftungserscheinungen bei Wiederkäuern (Sekundäreffekt)
	Regelung durch „TrinkwasserV" vom 31. 1. 1975
	Umsetzung der neuen EG-Richtlinie (80/778/EWG) in nation. Recht: 1985

[1] + gering
++ mittel
+++ hoch

n.b. = nicht bekannt oder keine Angaben vorhanden

Chlorid/Streusalz

0. Stoff/Verbindung/Trivialname	**Chlorid/Streusalz**
1. Natürliche Gehalte in Geo- und Biosphäre	meist in Salzlagerstätten im Boden, keine hohen natürlichen Gehalte; im Meerwasser 2,7 v. H.
2. Produktion/Verbrauch	Streusalz: 1 092 000 t (1983)/s. Pkt. 3 (Export: 214 000 (1983))
2a. Tendenz	rückläufig (witterungsabhängig)
3. Mengen in die Umwelt über Eintragspfade (t/a)	NaCl (Streusalz) ⌀ 1968—1979: 1 334 000 1982: 1 244 000, 1983: 878 000
Abluft	ca. 130 000 (HCl, 1978)
Abwasser, Schlämme	n.b.
Agrochemikalien	1,465 Mio (KCl, 1981/1982), Basis: 50er Kali = 28 v. H. Verunreinigungen (umgerechnet)
Sonstiges	./.
4a. Eintrag auf die Fläche	sehr unterschiedlich
4b. Austrag (Grund-, Oberflächenwasser/Luft/Ernteentzug)	n.b. (überwiegend in Oberflächenwasser, z. T. ins Grundwasser)

	lokal	regional	überregional
5. Geographische Bedeutung		Umgebung von Emittenten z. B. Müllverbrennungen	Straßenrandbereich
6. Verhalten im Boden[1]			
Persistenz	+++ (Chlorid: nicht abbaubar)		
Mobilität	+++		
Anreicherung	+		
7. Pflanzenverfügbarkeit[1]	+++		
8. Eingang in die Nahrung	Aufnahme über Nahrung und Trinkwasser		
Aufnahme mit der Nahrung	n.b. (s. Pkt. 9a.)		
9. Wirkungscharakterisierung und -relevanz für den Menschen nach oraler Aufnahme (Boden/Nahrung)	Für den Menschen lebensnotwendiger Nahrungsbestandteil (5—20 g Natriumchlorid/d); dient der Erhaltung des Stoffwechselgleichgewichtes. Wird auch als therapeutisches Mittel bei Halserkrankungen eingesetzt.		

9a.	Toxikokinetik (Aufnahme, Verteilung, Metabolismus, Ausscheidung, Akkumulation)	Der Mensch enthält in der Körperflüssigkeit 150 bis 300 g Natriumchlorid, täglich sind 10 bis 15 g zu ergänzen. Übermäßiger Salzgenuß ist gesundheitsschädlich.
	ADI-Wert	n.b.
	Provisional Tolerable Weekly Intake	n.b.
9b.	Spezielle Wirkungen	
	chronisch/akute Toxizität	akut toxische Dosis; ca. 5 g/kg KG
	Kanzerogenität	keine
	Mutagenität	keine
	Teratogenität	n.b.
	Fetotoxizität	n.b.
10a.	Wirkungen (Ökotoxikologie) auf	
	Tier	10 g/l (240 h) Goldfisch, letal
	Pflanze	> 1 v. H. Cl der Blatttrockenmasse = starke Blattschäden (Resistenzunterschiede)
	Mikroorganismen	Hemmung der Nitrifikation

10b.	Spezielles Verhalten in Organismen	
	Anreicherung im Lebewesen	nicht gegeben
	Anreicherung in der Nahrungskette	nicht gegeben
11.	Besondere Probleme bei der Analysemethodik/Meßtechnik	keine
12.	Besonderheiten	Bodenprobleme im wesentlichen durch Versalzung Regelungen: DIN 2000: Höchstgehalt am Chlorid im Trinkwasser 250 mg/l

[1]) + gering
++ mittel
+++ hoch

n.b. = nicht bekannt oder keine Angaben vorhanden

Polychlorierte Biphenyle (PCB)

0. Stoff/Verbindung/Trivialname	**Polychlorierte Biphenyle** (PCB)
1. Natürliche Gehalte in Geo- und Biosphäre	keine (derzeit: Boden: 0,05—0,1 mg/kg; Luft: 5—30 ng/m^3)
2. Produktion/Verbrauch	ca. 7 400 t/a (1980)/2 714 t/a (1980)
2a. Tendenz	fallend; seit Ende 1983 werden in der Bundesrepublik Deutschland PCB's nicht mehr produziert
3. Mengen in die Umwelt über Eintragspfade (t/a)	
Abluft	n.b.
Abwasser, Schlämme	1,8 g/ha·a (eine Angabe für 1975)
Agrochemikalien	+ (bei Klärschlammaufbringung ca. 10 g/ha·a)
Sonstiges	keine
4a. Eintrag auf die Fläche	n.b.
4b. Austrag (Grund-, Oberflächenwasser/Luft/Ernteentzug)	n.b.
	unbekannt, nach bisherigen Untersuchungen gering

		lokal	regional	überregional
5.	Geographische Bedeutung[1]	+++	+	+
6.	Verhalten im Boden[1]	(Bei Aufbringung von Klärschlamm und Sedimenten; in Industriegebieten)		
	Persistenz	+++ (nur geringer Abbau, Persistenz steigt mit dem Chlorierungsgrad und Anwesenheit leicht verwertbarer C-Quellen)		
	Mobilität	+ gering, wenn sorbiert, aber über Dampfphase mobil; Löslichkeit abhängig vom Chlorierungsgrad		
	Anreicherung	++ (je nach Bodenparametern, Affinität an Rotteprodukt/Humus und Chlorierungsgrad)		
7.	Pflanzenverfügbarkeit[1]	+		
8.	Eingang in die Nahrung	vor allem über tierische Nahrungsmittel Fleisch: 110—200 µg/kg Fett, Fisch: 70—900 µg/kg (FG)		
	Aufnahme mit der Nahrung	nach ZEBS 34—44 µg/Person·Woche		
9.	Wirkungscharakterisierung und -relevanz für den Menschen nach oraler Aufnahme (Boden/Nahrung)	Leberschäden und weitere Auswirkungen		

9a. Toxikokinetik (Aufnahme, Verteilung, Metabolismus, Ausscheidung, Akkumulation)	Aufnahme hauptsächlich mit der Nahrung, Speicherung im Fettgewebe, Milch, Leber
ADI-Wert	175 µg/70 kg Körpergewicht
Provisional Tolerable Weekly Intake	WHO (1976): 2 mg/Person Andere: 0,5 mg/Person
9b. Spezielle Wirkungen	
chronisch/akute Toxizität	Toxische Wirkungen abhängig vom Chlorierungsgrad; akute Toxizität gering, chronische Wirkungen auf Leber, Haut möglich.
Kanzerogenität	Potential wird vermutet
Mutagenität	umstritten
Teratogenität	umstritten
Fetotoxizität	embryotoxisch
10a. Wirkungen (Ökotoxikologie) auf	
Tier	No effect level (Ratte): 0,1 mg/kg Körpergewicht Einfluß auf die Reproduktion bei Gehalten > 100 ppm bei bestimmten Vogelarten letal
Pflanze	Populationsverschiebung bei Konzentrationen > 0,1 µg/l PCB (Phytoplankton)

Mikroorganismen	n.b.
10b. Spezielles Verhalten in Organismen	
Anreicherung im Lebewesen	Faktor: Fische etwa 10^5 (bezogen auf Fett) Seevögel und Meeressäuger bis 10^7 (Fettgewebe)
Anreicherung in der Nahrungskette	Faktor: 10^1—10^2 (bezogen auf Fett)
11. Besondere Probleme bei der Analysemethodik/Meßtechnik	Hohe Zahl von Isomeren, Erfassung daher schwierig
12. Besonderheiten	Verunreinigungen mit Dibenzofuran (PCDF) und Dioxin (TCDD) bei Bränden möglich. Große Unterschiede im Verhalten durch unterschiedlich hoch chlorierte Biphenyle

[1]) + gering
++ mittel
+++ hoch

n.b. = nicht bekannt oder keine Angaben vorhanden

Polycyclische aromatische Kohlenwasserstoffe (PAH);
Beispiel: Benzo-a-pyren (BaP)

0. Stoff/Verbindung/Trivialname	
1. Natürliche Gehalte in Geo- und Biosphäre	Boden: sehr gering, wenige µg/kg Pflanze: bei Aufzucht unter Reinluftbedingungen nicht nachweisbar
2. Produktion/Verbrauch	keine gezielte Produktion, unerwünschte Nebenprodukte bei unvollständiger Verbrennung und Pyrolyse von organischem Material
2a. Tendenz	fallend mit allgemein sinkender Staubbelastung
3. Mengen in die Umwelt über Eintragspfade (t/a)	
Abluft	PAH ca. 500—1 000 BaP ca. 20
Abwasser, Schlämme	über Klärschlamm, Flußsedimente, n.b.
Agrochemikalien	n.b.
Sonstiges	n.b.
4a. Eintrag auf die Fläche	ca. 100 mg BaP/ha·a (aus der Luft)
4b. Austrag (Grund-, Oberflächenwasser/Luft/Ernteentzug)	unbedeutend (?) mikrobieller Abbau

		lokal	regional	überregional
5.	Geographische Bedeutung[1]	+++	++	n.b.
6.	Verhalten im Boden[1]	in der Umgebung z. B. von Kokereien, in Ballungsgebieten m. Schwerindustrie		
	Persistenz	++ (insgesamt unterschiedliche Resultate über PAH-Abbau in Böden)		
	Mobilität	+ (starke Sorption vor allem in humosen Böden)		
	Anreicherung	++		
7.	Pflanzenverfügbarkeit[1]	+, bei hohen PAH-Bodengehalten allerdings beträchtlicher Übergang in Wurzelgemüse (abhängig von der Zahl der kondensierten Benzolkerne)		
8.	Eingang in die Nahrung	normalerweise nur gering, meist über Luftbelastung von Pflanzenmaterial. Bei hohen Bodengehalten Übergang in Wurzelgemüse		
	Aufnahme mit der Nahrung	n.b.		
9.	Wirkungscharakterisierung und -relevanz für den Menschen nach oraler Aufnahme (Boden/Nahrung)	Im Vergleich zum Luftpfad ist die orale Aufnahme wahrscheinlich weniger wichtig		

9a. Toxikokinetik (Aufnahme, Verteilung Metabolismus, Ausscheidung, Akkumulation)	Problematisch ist die inhalative Aufnahme sowie die Aufnahme über die Haut
ADI-Wert	n.b.
Provisional Tolerable Weekly Intake	n.b.
9b. Spezielle Wirkungen	
chronisch/akute Toxizität	Ratte oral BaP: tox. Effekte ab 40 mg/kg
Kanzerogenität	einige PAH sind kanzerogen (z. B. BaP)
Mutagenität	einige PAH sind mutagen
Teratogenität	Ratte oral BaP: Terat. Effekte bei 1 g/kg
Fetotoxizität	n.b.
10a. Wirkungen (Ökotoxikologie) auf	
Tier	n.b. (ja, in sehr hohen Dosen beim Versuchstier, s. Pkt. 9b)
Pflanze	n.b.
Mikroorganismen	n.b.
10b. Spezielles Verhalten in Organismen	
Anreicherung im Lebewesen	gering, abhängig von Molekülstruktur
Anreicherung in der Nahrungskette	gering, abhängig von der Molekülstruktur

11. Besondere Probleme bei der Analysemethodik/Meßtechnik	Die Probenahme wirft Probleme auf, weil die PAH teilweise in der Gasphase, teilweise aerosolgebunden in der Atmosphäre vorliegen.
12. Besonderheiten	n.b.

[1]   + gering
    ++ mittel
    +++ hoch

n.b. = nicht bekannt oder keine Angaben vorhanden

Pentachlorphenol (PCP)

0.	Stoff/Verbindung/Trivialname	**Pentachlorphenol** (PCP)
1.	Natürliche Gehalte in Geo- und Biosphäre	keine
2.	Produktion/Verbrauch	ca. 3 270 t/a (1982) /334 t/a (1982)
2a.	Tendenz	fallend
3.	Mengen in die Umwelt über Eintragspfade (t/a)	
	Abluft	n.b.
	Abwasser, Schlämme	gering
	Agrochemikalien	Kläranlagen: 3 µg/l ($\triangleq$ 18 t/a) Anwendung als Pflanzenschutzmittel-Wirkstoff seit 1982 nur noch im Forst zulässig (geringe Mengen)
	Sonstiges	Holz- und Bautenschutzmittel
4a.	Eintrag auf die Fläche	n.b.
4b.	Austrag (Grund-, Oberflächenwasser/Luft/Ernteentzug)	n.b.
5.	Geographische Bedeutung[1]	lokal / regional / überregional

lokal	regional	überregional
++	+ (Ausland)	n.b.
	(PCB-behandelte Flächen)	

6.	Verhalten im Boden[1]	
	Persistenz	Halbwertzeit im Boden ca. 20—50 d
	Mobilität	Hohe Flüchtigkeit, 50 % Verlust in 20—35 Tagen
	Anreicherung	Akkumulation im Klärschlamm, Faktor: 1 100
7.	Pflanzenverfügbarkeit	gering (im Boden)
8.	Eingang in die Nahrung	In geringem Umfang in vielen Nahrungsmitteln, teilweise Kontamination durch PCP-haltige Verpackung
	Aufnahme mit der Nahrung	n.b.
9.	Wirkungscharakterisierung und -relevanz für den Menschen nach oraler Aufnahme (Boden/Nahrung)	Vielfältige Symptome bei geringen Dosen, z. B. Änderungen der Atmung, des Blutdrucks, von Urinparametern. Chlorakne, Schwäche, Zusammenbruch
9a.	Toxikokinetik (Aufnahme, Verteilung, Metabolismus, Ausscheidung, Akkumulation)	Aufnahme durch Inhalation, über Haut und mit Nahrung. Ausscheidung mit dem Urin. Keine Akkumulation im menschlichen Gewebe, jedoch z. B. in Spermienflüssigkeit.
	ADI-Wert	n.b.
	Provisional Tolerable Weekly Intake	n.b.

9b. Spezielle Wirkungen
chronisch/akute Toxizität | letale Dosis: ca. 2 g/Person. Hautirritationen, Störung des Wohlbefindens, möglicherweise Wirkung auf das Immunsystem

Kanzerogenität | umstritten
Mutagenität | n.b.
Teratogenität | im Tierversuch embryotoxisch
Fetotoxizität | im Tierversuch embryotoxisch

10a. Wirkungen (Ökotoxikologie) auf

Tier | Maus, LD_{50}: 36—200 mg/kg
Fische (48 h—8 Wochen), LC_{50}: 0,04—17 mg/l;
Würmer, LC_{50}: 0,3—1,4 mg/l

Pflanze | Bei einigen Algenarten tox. Wirkung EC_{50}: 0,08—7 mg/l; 50 % Wachstumshemmung bei Weizen bei 8 mg/l in Nährlösung

Mikroorganismen | bei 0,1—0,5 mg/l bzw. bei 30 kg PCP/ha vorwiegend tolerierbare Wirkungen

10b. Spezielles Verhalten in Organismen[1]

Anreicherung im Lebewesen | Bioakkumulation durch Algen, Faktor: 1 250
Organismen allgemein, Faktor 1 000

Anreicherung in der Nahrungskette | ++ (speziell bei aquatischen Nahrungsketten)

11.	Besondere Probleme bei der Analysemethodik/Meßtechnik	Probleme durch Flüchtigkeit, Photolyse, Reaktion mit Lösungsmitteln
12.	Besonderheiten	PCP entsteht auch als Abbauprodukt von HCB im Säugetierorganismus. Verunreinigungen von Zubereitungen durch PCDD und PCDF, darunter auch 2,3,7,8-TCDD

[1]
    + gering
    ++ mittel
    +++ hoch

n.b. = nicht bekannt oder keine Angaben vorhanden

Chlorierte Dioxine und Dibenzofurane,

(z. B. TCDD *)

(hierbei wird eine Vielzahl von Homologen und Isomeren mit z. T. recht unterschiedlichen Eigenschaften zusammengefaßt)

0. Stoff/Verbindung/Trivialname	
1. Natürliche Gehalte in Geo- und Biosphäre	keine
2. Produktion/Verbrauch	Unerwünschte Nebenprodukte bzw. Verunreinigungen in vielen chlorierten Verbindungen sowie bei Verbrennung solcher Verbindungen
2a. Tendenz	Wahrscheinlich sinkend wegen sinkender Produktion hochchlorierter Produkte
3. Mengen in die Umwelt über Eintragspfade	
Abluft	Bei Müllverbrennung (ca. 1—5 g/a), bei Chlorierungsprozessen in geringem Umfang
Abwasser, Schlämme	n.b.
Agrochemikalien	n.b.
	als Verunreinigung, z. B. in 2,4,5-T (0,005 ppm Verunreinigung)
Sonstiges	n.b.

*) wichtige Vertreter z. B.
TCDD: Tetrachlordibenzodioxin (2,3,7,8-)
PCDD: Pentachlordibenzodioxin
PCDF: Pentachlordibenzofuran

	lokal	regional	überregional
4a. Eintrag auf die Fläche	n.b.		
4b. Austrag (Grund-, Oberflächenwasser/Luft/Ernteentzug)	n.b.		
5. Geographische Bedeutung[1]	++ (in Umgebung von Emittenten sowie auf Flächen, die mit verunreinigten Chlorverbindungen behandelt werden)		
6. Verhalten im Boden[1]			
Persistenz	+++		
Mobilität	+		
Anreicherung	++		
7. Pflanzenverfügbarkeit[1]	+ (über Wurzel)		
8. Eingang in die Nahrung Aufnahme mit der Nahrung	gering n.b.		
9. Wirkungscharakterisierung und -relevanz für den Menschen nach oraler Aufnahme (Boden/Nahrung)	einige Vertreter der Stoffgruppe sind hochtoxisch, z. B.: 2,3,7,8-TCDD teilweise lebensgefährliche Intoxikation		

9a. Toxikokinetik (Aufnahme, Verteilung, Metabolismus, Ausscheidung, Akkumulation)	Aufnahme über Lunge und Haut, Anreicherung in Leber und Niere, HWZ 1—31 Tage, Ausscheidung weitgehend unverändert über Niere
ADI-Wert	n.b.
Provisional Tolerable Weekly Intake	n.b.
9b. Spezielle Wirkungen	
chronisch/akute Toxizität	vielfältige Symptome, z. B. Chlorakne
Kanzerogenität	wahrscheinlich (Tierversuch)
Mutagenität	n.b.
Teratogenität	wahrscheinlich
Fetotoxizität	strittig
10a. Wirkungen (Ökotoxikologie) auf	
Tier	LD_{50}: 1 µg 2,3,7,8-TCDD/kg KG (Meerschw. exp.) Schädigung des Immunsystems, metaplas. Hautveränderungen, Leberveränderungen
Pflanze	n.b.
Mikroorganismen	n.b.

10b.	Spezielles Verhalten in Organismen[1]	
	Anreicherung im Lebewesen	$t_{1/2}$: 12—30 Tage (Landtiere) In Fettgewebe und Milch; im aquatischen Bereich: Faktor 2 000—4 000
	Anreicherung in der Nahrungskette	+ (im Vergleich zu DDT)
11.	Besondere Probleme bei der Analysemethodik/Meßtechnik	Stoffmengen in der Umwelt sind sehr niedrig, daher schwierig nachzuweisen
12.	Besonderheiten	Dioxine und/oder Benzofurane können in Stoffen wie 2,4,5-T, PCB, PCP enthalten sein und sich beim Verbrennen von chlorierten Verbindungen bilden

[1] + gering
　　++ mittel
　　+++ hoch

n.b. = nicht bekannt oder keine Angaben vorhanden

0. Stoff/Verbindung/Trivialname	**Trichlorethen** (Tri) **Perchlorethen** (Per)
1. Natürliche Gehalte in Geo- und Biosphäre	keine
2. Produktion/Verbrauch	ca. 113 000 t/a (1979)
2a. Tendenz	rückläufig (Ersatz von Tri allerdings durch 1,1,1-Trichlorethan)
3. Mengen in die Umwelt über Eintragspfade (t/a)	ca. 100 000 (1982)
Abluft	mehr als 90 v. H. bei Tri
Abwasser, Schlämme	beträchtlich
Agrochemikalien	./.
Sonstiges	Transport, Lagerung etc.
4a. Eintrag auf die Fläche	nicht eindeutig quantifizierbar, da vielfach Phasenübergänge
4b. Austrag (Grund-, Oberflächenwasser/Luft/Ernteentzug)	Austrag erfolgt sowohl in Luft als auch ins Grundwasser n.b.

		lokal	regional	überregional
5.	Geographische Bedeutung[1]	+++*)	n.b.	n.b.
6.	Verhalten im Boden[1]			
	Persistenz	+ bis ++ (in der Atmosphäre gut abbaubar, im Grundwasser mittlere Persistenz)		
	Mobilität	+++ Verweilzeit Tri im Boden (unadaptiert) 2–18 Monate		
	Anreicherung	+ bis ++ (Anreicherung im Grundwasser möglich) Ruhr-Sediment 34 ppb bei 0,7 ppb im Wasser		
7.	Pflanzenverfügbarkeit[1]	n.b. (wahrscheinlich nicht sehr bedeutend)		
8.	Eingang in die Nahrung			
	Aufnahme mit der Nahrung	vorwiegend über Trinkwasser		
9.	Wirkungscharakterisierung und -relevanz für den Menschen nach oraler Aufnahme (Boden/Nahrung)	n.b.		
		bei Trinkwasserkontamination: Auf Zentralnervensystem, vielfältige Symptome		

*) Besondere Probleme durch Freisetzung (z. B aus Lecks etc.) bei Lagerung, Transport, Umschlag etc. (Grundwasser-Kontamination)

9a. Toxikokinetik (Aufnahme, Verteilung, Metabolismus, Ausscheidung, Akkumulation)	Aufnahme mit Nahrungsmitteln, Atemluft und Trinkwasser problematisch; bei Trinkwasserkontamination Metabolisierung von Tri zu Trichlorethenepoxid Akkumulation bis 32 ppb im Fettgewebe
ADI-Wert	n.b.
Provisional Tolerable Weekly Intake	n.b.
9b. Spezielle Wirkungen	
chronisch/akute Toxizität	für Mensch letal > 150 g (Tri) LD 50 Ratte: 5 900 mg/kg (Tri), 8 850 mg/kg (Per)
Kanzerogenität	Tri und Per: Einstufung positiv im Tierversuch durch IARC
Mutagenität	verschiedene Tests mit Bakterien, Hefezellen positiv f. Tri
Teratogenität	n.b.
Fetotoxizität	n.b.
10a. Wirkungen (Ökotoxikologie) auf	
Tier	LC_{50} (Goldorfe, 48 h): 136 mg/l
Pflanze	Algen: akute Toxizität 8—63 mg/l
Mikroorganismen	Bakterien: Hemmung ab 65 mg/l, akute Toxizität: 31—250 mg/l

10b. Spezielles Verhalten in Organismen	
Anreicherung im Lebewesen	Biokonzentrationsfaktor: Fisch (Bluegill) 17 Fisch 39
Anreicherung in der Nahrungskette	Mensch: Fett bis 32 ppb
11. Besondere Probleme bei der Analysemethodik/Meßtechnik	keine
12. Besonderheiten	hohe Mobilität zwischen Wasser/Boden

[1]) + gering
 ++ mittel
 +++ hoch

n.b. = nicht bekannt oder keine Angaben vorhanden

		1,1-Dimethyl (-4,4-Bipyridinium)-dichlorid (Paraquat), **1,1'-Ethylen-2,2'-Bipyridinium-bromid** (Deiquat)
0.	Stoff/Verbindung/Trivialname	
1.	Natürliche Gehalte in Geo- und Biosphäre	keine
2.	Produktion/Verbrauch	Paraquat: keine (nur Importe)/ca. 300 t/a Deiquat: keine (nur Importe)/n.b.
2a.	Tendenz	voraussichtlich fallend
3.	Mengen in die Umwelt über Eintragspfade (t/a)	Paraquat: ca. 300; Deiquat: n.b.
	Abluft	n.b.
	Abwasser, Schlämme	n.b.
	Agrochemikalien	Eintrag pro Anwendung Deiquat 0,6—1,6 kg/ha Paraquat 0,7—1,8 kg/ha
	Sonstiges	Anwendungsbeschränkung für Deiquat
4a.	Eintrag auf die Fläche	s. 3
4b.	Austrag (Grund-, Oberflächenwasser/Luft/Ernteentzug)	n.b. n.b.

		lokal	regional	überregional
5.	Geographische Bedeutung[1]	++ (behandelte Flächen) (100 000—125 000 ha/a)		
6.	Verhalten im Boden[1]			
	Persistenz	+++ Paraquat und Deiquat zeigen bei Tonböden starke Sorption, sie sind dann nur wenig mobil		
	Mobilität	+		
	Anreicherung	++		
7.	Pflanzenverfügbarkeit[1] über den Boden	+ bis ++ in sorbiertem Zustand (s. o.) nur wenig pflanzenverfügbar, sonst kann Aufnahme in Pflanze erfolgen		
8.	Eingang in die Nahrung	Bei sachgemäßer Anwendung kaum (vorheriger Abbau), keine Höchstmengenüberschreitungen (0,05 mg/kg alle pflanzliche Nahrungsmittel für Paraquat; 0,05 bis 5,0 mg/kg für Deiquat)		
	Aufnahme mit der Nahrung	n. b.		
9.	Wirkungscharakterisierung und -relevanz für den Menschen nach oraler Aufnahme (Boden/Nahrung)	Wirkt schädigend auf Lunge, Niere, Leber. Vergiftungsgefahr (bis 1975 über 200 Todesfälle, vorwiegend Suicid mit Paraquat)		

9a. Toxikokinetik (Aufnahme, Verteilung, Metabolismus, Ausscheidung, Akkumulation)	Aufnahme mit Nahrung, gewisse Anreicherung in Lunge (Paraquat), kaum Metabolisierung (Paraquat) Ausscheidung mit Faeces (Paraquat) bei Ratte: 81 v. H. mit Kot, 16 v. H. mit Harn innerhalb von 2 Tagen)
ADI-Wert	Paraquat 0,001 mg/kg Körpergewicht Deiquat 0,008 mg/kg Körpergewicht
Provisional Tolerable Weekly Intake	n.b.
9b. Spezielle Wirkungen	
chronisch/akute Toxizität chronisch/akute Toxizität Kanzerogenität Mutagenität Teratogenität	LD_{50} Ratte: 230—440 mg/kg, Kaninchen: 187 mg/kg Maus: 125—223 mg/kg (Deiquat), LD_{50} Ratte: 112—150 mg/kg (Paraquat); keine Erhöhung der Tumorraten bei Mäusen (Para-, Deiquat) sowie Ratten (Paraquat) ‚In vitro' Studien mit Pro- und Eukaryonten für Paraquat genotoxische Wirkung, auch verschied. ‚in vivo' Mutagenitätstest m. Ratte pos.; Resultate u. Bewertung ins. uneinheitl.; nicht teratogen bei Kaninchen, Ratte; bei Maus schwache Wirksamkeit (Deiquat). Es werden aber auch teratogene Wirkungen beschrieben.
Fetotoxizität	Nicht genotoxisch b. Kaninchen, Ratte; b. Maus schwache Wirksamkeit (Deiquat).

10a.	Wirkungen (Ökotoxikologie) auf	
	Tier	Fisch: TLm: 23 mg/l (48 h) Paraquat: TLm: 80—210 mg/l (48 h) Deiquat
	Pflanze	Kontaktherbizid
	Mikroorganismen	sehr unterschiedliche Angaben z. B. Paraquat 11,4 kg/ha, leichte Abnahme, keine schweren Effekte. 0,57 kg/ha verringerte Population
10b.	Spezielles Verhalten in Organismen[1]	
	Anreicherung im Lebewesen	findet offensichtlich nicht statt
	Anreicherung in der Nahrungskette	n.b.
11.	Besondere Probleme bei der Analysemethodik/Meßtechnik	keine
12.	Besonderheiten	Zulassung für Paraquat wurde widerrufen. Antragsteller hat Widerspruch eingelegt, der aufschiebende Wirkung hat.

[1] + gering
++ mittel
+++ hoch

n.b. = nicht bekannt oder keine Angaben vorhanden

Hexachlorcyclohexen (HCH)
(von Bedeutung α-, β- und γ-Isomere)

0. Stoff/Verbindung/Trivialname	
1. Natürliche Gehalte in Geo- und Biosphäre	keine
2. Produktion/Verbrauch	Seit 1984 keine Produktion mehr in der Bundesrepublik Deutschland, bis dahin Prod. techn. HCH ca. 8 000 t/a Prod. γ-HCH (Lindan) ca. 1 200 t/a Verwendung Lindan als Insektizid ca. 150—250 t/a,
2a. Tendenz	insgesamt abnehmend
3. Mengen in die Umwelt über Eintragspfade (t/a)	n.b.
Abluft	vor allem α- und γ-HCH
Abwasser, Schlämme	vor allem Deponiesickerwasser
Agrochemikalien	Anwendung von techn. HCH als Pflanzenschutzmittel-Wirkstoff seit 1981 verboten. Lindan (γ-HCH) ca. 150—250 (Einsatz zur Hälfte in Landwirtschaft, zur Hälfte zum Holz- und Forstschutz)
Sonstiges	Haldenverwehungen
4a. Eintrag auf die Fläche	ca. 0,25 g α- und γ-HCH/ha·a (1976/77) (Mit dem Niederschlag) als Pflanzenschutzmittel (γ-HCH) ca. 100—1 500 g/ha·a

4b.	Austrag (Grund-, Oberflächenwasser/Luft/Ernteentzug)		Austrag ins Grundwasser; Pflanzenentzug gering
5.	Geographische Bedeutung[1]	lokal / regional / überregional	
		+++ / + / +	
		hohe Belastungen von α + β-HCH vor allem im Bereich kontaminierter Deponien (s. Pkt. 12)	
6.	Verhalten im Boden[1]		
	Persistenz		++(+) HWZ: α- u. γ-HCH ca. 1 Jahr, β-HCH ca. 8 Jahre
	Mobilität		++ (α- u. γ-HCH hoher Dampfdruck, Verweilzeit im Boden hierdurch 1—4 Monate)
	Anreicherung		+++ (β-HCH)
7.	Pflanzenverfügbarkeit[1]		++(+) (stark abhängig vom Humusgehalt des Bodens) Aufnahme über Blätter und Wurzel. Hohe Rückstände vor allem in Möhren, Kartoffeln und Rüben, Lindan-Gehalt meist geringer als im Boden, Kumulation über Bodengehalt hinaus wurde bei Möhren beobachtet.
8.	Eingang in die Nahrung		Eingang hauptsächlich über Rückstände in Futtermitteln, Aufnahme mit Nahrung vor allem mit Fett, Milch.
	Aufnahme mit der Nahrung		Verzehr von Obst, Gemüse, Kartoffeln ergab mittlere Aufnahmemenge von ca. 2,6 μg γ-HCH/Person·Woche

9. Wirkungscharakterisierung und -relevanz für den Menschen nach oraler Aufnahme (Boden/Nahrung)	Kumulative Wirkung, betroffen zentrales Nervensystem No-effect-level: 1,25 mg/kg KG (γ-HCH)
9a. Toxikokinetik (Aufnahme, Verteilung, Metabolismus, Ausscheidung, Akkumulation)	gut resorbierbar, Speicherung vor allem im Depotfett, Eliminierung von γ-HCH relativ schnell, HWZ ca. 1—2d; β-HCH HWZ ca. 20d (Ratte)
ADI-Wert	Duldbare Konzentrationen (mg/kg)
	Trinkmilch **Frauenmilch** **ADI-Wert**
	α: 0,60 0,04 γ-HCH 0,01 mg/kg
	β: 0,12 0,008
	γ: 1,50 0,10
Provisional Tolerable Weekly Intake	γ-HCH: 4,2 mg/Person
9b. Spezielle Wirkungen	
chronisch/akute Toxizität	Mensch 10—20 mg γ-HCH/kg oral schwere, teilweise lebensgefährliche Intoxikation, Erregung, Bewußtlosigkeit, Krämpfe
Kanzerogenität	α, β, γ-HCH von IARC als kanzerogen im Tierversuch eingestuft
Mutagenität	nicht beobachtet, aber Mitosehemmung, Polyploidie
Teratogenität	keine Anhaltspunkte

Tier	bienengefährlich LD_{50} vor γ-HCH: Fasan 75—100 mg/kg LC_{50} (Zebrabärblinge) 0,09 mg/l. Wasserfloh 0,72 ppm
Pflanze	n.b.
Mikroorganismen	γ-HCH sehr breitbandwirksame insektizide Wirkung, Nitrifikation gehemmt ab 2,5 kg γ-HCH/ha, sonst vorwiegend unbedeutende Einflüsse bei üblichen Konzentrationen
10b. Spezielles Verhalten in Organismen Anreicherung im Lebewesen	Hinweise auf Anreicherung beim Menschen liegen vor allem für β-HCH vor, Speicherung im Körperfett
Anreicherung in der Nahrungskette	über Futtermittel, fetthaltige tierische Nahrungsmittel
11. Besondere Probleme bei der Analysemethodik/Meßtechnik	keine
12. Besonderheiten	Die Wirksubstanz γ-HCH (Lindan) macht nur 10—20 % des Rohproduktes (techn. HCH) aus. Die übrigen 80—90 % (α- und β-HCH) wurden früher deponiert, heute zu 1,2,4,Trichlorbenzol weiterverarbeitet. Keine Anwendung (Lindan) in Trinkwasserschutzgebieten; zulässig in Zone III. FuttermittelV: γ-HCH 0,1—2,5 mg/kg insgesamt: α, β, γ-HCH 0,01—0,5 mg/kg

[1] + gering
++ mittel
+++ hoch

n.b. = nicht bekannt oder keine Angaben vorhanden

Hexachlorbenzol (HCB)

0. Stoff/Verbindung/Trivialname	**Hexachlorbenzol** (HCB)
1. Natürliche Gehalte in Geo- und Biosphäre	keine
2. Produktion/Verbrauch	ca. 4 000 t/a (1980)/überwiegend Weiterverarbeitung
2a. Tendenz	n.b.
3. Mengen in die Umwelt über Eintragspfade (t/a)	
Abluft	2 000
Abwasser, Schlämme	fällt auch bei Verbrennung chlorhaltiger Produkte an
Agrochemikalien	soweit bekannt 2—3
	als Verunreinigung, früher im Ausland; Anwendungsverbot von HCB als Pflanzenschutzmittel-Wirkstoff seit 1981
Sonstiges	HCB fällt bei vielen Perchlorierungen an, Eintrag in die Umwelt hierbei nicht quantifizierbar
4a. Eintrag auf die Fläche	n.b.
4b. Austrag	n.b.
(Grund-, Oberflächenwasser/Luft/Ernteentzug)	n.b.

	lokal	regional	überregional
5. Geographische Bedeutung[1]	++	n.b.	n.b.
6. Verhalten im Boden[1]			
Persistenz	+++ (HWZ ~ 2 Jahre)		
Mobilität	n.b.		
Anreicherung	+++ (Wasser → Sediment 40fach, im Klärschlamm 23 000fach). In der Nähe einer Deponie soll der Boden via Luft bis 5 000 ppm belastet sein.		
7. Pflanzenverfügbarkeit[1]	++ bis +++ (+++ gilt insbesondere für Algen)		
8. Eingang in die Nahrung	Aufnahme über kontaminierte Futtermittel, Anreicherung im Fettgewebe, Übergang in Milch und Eier.		
Aufnahme mit der Nahrung	Mittlere Aufnahme mit Obst, Gemüse und Kartoffeln (1979): 0,2 µg/Person·Woche		
9. Wirkungscharakterisierung und -relevanz für den Menschen nach oraler Aufnahme (Boden/Nahrung)	akute Toxizität gering, bei chronischer Einwirkung (50—200 mg/d) Porphyrie Zielorgane: Leber, Lunge, Schilddrüse		

9a. Toxikokinetik (Aufnahme, Verteilung, Metabolismus, Ausscheidung, Akkumulation)	Aufnahme mit Nahrung, u. a. tierische Fette, Anreicherung im Fettgewebe. PCP tritt als Abbauprodukt, Trichlorphenol als Metabolit im Urin von Ratten auf.
ADI-Wert	0,036 mg Wirkstoff/Person
Provisional Tolerable Weekly Intake	0,252 mg Wirkstoff/Person
9b. Spezielle Wirkungen	
chronisch/akute Toxizität	akute orale LD$_{50}$: Ratte > 10 000 mg/kg Katze > 1 700 mg/kg
Kanzerogenität	im Tierversuch kanzerogen
Mutagenität	n.b.
Teratogenität	im Tierversuch teratogen
Fetotoxizität	n.b.
10a. Wirkungen (Ökotoxikologie) auf	
Tier	Zebrabärbling LC$_{50}$ > 0,006 mg/l Wasserfloh (Daphnia magna): Schwimmhemmung EC$_{50}$ < 25 µg/l Ringfasan (Alter: 10 Tage) LC$_{50}$: 617 ppm
Pflanze	n.b.
Mikroorganismen	Protozoen: Schadwirkung 0,2 mg/l

10b. Spezielles Verhalten in Organismen

Anreicherung im Lebewesen

		Faktor
	Forelle	7 800
	Fisch	8 600
	Daphnia	200—1 130

Anreicherung in der Nahrungskette

Fisch (Gambusia)		247
Fisch (Goldorfe)		1 200
Schnecke (Physe)		1 247
Ratte		9—14

11. Besondere Probleme bei der Analysemethodik/Meßtechnik   keine

12. Besonderheiten   Problematisch ist HCB-Aufnahme mit Muttermilch.
FuttermittelV: 0,01—0,3 mg/kg

[1])   + gering
    ++ mittel
   +++ hoch

n.b. = nicht bekannt oder keine Angaben vorhanden